用标准化创“五型”班组

国家能源准能集团班组管理标准化纪实

夏晓凌　黄建军◎主编

中国工人出版社

图书在版编目（CIP）数据

用标准化创“五型”班组 / 夏晓凌 黄建军主编. —北京：中国工人出版社, 2019.2

ISBN 978-7-5008-7140-8

Ⅰ.①用… Ⅱ.①夏… ②黄… Ⅲ.①班组管理—标准化管理 Ⅳ.①F406.6

中国版本图书馆CIP数据核字（2019）第028327号

用标准化创“五型”班组

出 版 人	王娇萍
责任编辑	石钰艳 时秀晶
责任校对	赵贵芬
责任印制	栾征宇
出版发行	中国工人出版社
地　　址	北京市东城区鼓楼外大街45号 邮编：100120
网　　址	http://www.wp-china.com
电　　话	（010）62005043（总编室） （010）62005039（出版物流部） （010）62382916（职工教育分社）
发行热线	（010）62005996 （010）82075964（传真）
经　　销	各地书店
印　　刷	北京展升恒业图文设计有限公司
开　　本	710毫米×1000毫米 1/16
印　　张	11.25
字　　数	200千字
版　　次	2019年2月第1版 2019年2月第1次印刷
定　　价	36.00元

本书如有破损、缺页、装订错误，请与本社出版物流部联系更换

序

中国安全生产协会班组委诚邀我为本书作序，十分感谢。想起不久前，中国航天出版了“王辉班组”管理纪实丛书。一个是蓝天上的“飞天团队”，一个是煤海中的“精兵良将”，一个上天，一个入地，群英荟萃，堪称时代“姊妹篇”，都在为中国梦编织金梭银梭。

谈及标准化，首先就要弄清楚什么是标准化。是不是把所有的作业工具摆放整齐就是标准化？是不是标准作业流程、标准岗位就是标准化？还是大家都按固定的条条框框去做、去执行就是标准化？我认为，这只是标准化的一部分，是文明生产的表现。标准化是精益求精的扩容，它不是一个简单的模式套用，它不能有同质化的倾向。

在一个企业里，一名合格工人的标准是什么？

2013 年，我去神华准能集团公司哈尔乌素露天煤矿，见到了一位煤矿工人——赵鹏。他精神抖擞，干劲儿十足，充满激情。他领着 70 多位班组员工在露天煤矿唱军歌，跳骑马舞，创新准军事化班前会，并且以自己的作业车为标志，创新“930E 班组管理法”。整个露天煤矿作业生产现场生机勃勃，热火朝天，工人上下团结，目标一致，创下了建矿以来无安全生产事故的好成绩，为准能集团公司节能降耗几千万元。这就是一个合格的工人，他爱岗敬业、精益求精、善于琢磨、敢于改进，在平凡的岗位上、重复的操作系统下，能耐得住寂寞，能用心、用脑子干活儿，这是一种珍贵的品质。

中国工人是中国共产党的执政基础，是国家建设的主力军，而产业工人是主体力量。习近平总书记在中央全面深化改革领导小组第三十二次会议上提出，要造就一支有理想守信念、懂技术会创新、敢担当讲奉献的宏大产业工人队伍。这是落实《中国制造 2025》必需的精神。每一个世界强国背后，都有一支技术精湛、动手能力强、工作精益求精的工匠队伍。

要建设一支有理想守信念、懂技术会创新、有担当能奉献的产业工人队伍，企业的班组建设尤为重要。班组建设一定要把提升工人的技术素质能力作为重中之重，不能弄虚作假，不能走形式和做表面文章，要让工人喜欢，符合人的本性，才是真正的人性化管理。

准能集团公司编写的《用标准化创“五型”班组》一书，记录了准能集团公司创业40多年来煤矿工人、电力工人、铁路工人等在平凡而普通的岗位上兢兢业业、刻苦钻研、无私奉献的真实感人故事，它既是一代工人丰功伟绩的记录本，也是准能集团公司追求卓越、争创世界一流企业的工具书。

书中提到的“5821”班组建设体系，是准能集团公司班组建设的一个管理标准，它成功地激发和释放了工人的工作积极性、主动性。它不是公司某个领导凭空想象出来的，而是准能集团公司全体员工经过四十多年实践，共同凝练、总结的智慧精髓，是基层基础管理的智慧宝囊！“5821”班组建设体系中的班组文化，确立了企业“以人为本”的终极目标，用文化凝聚人心，让学习创新成为一个习惯、一种信仰。短短三年的时间涌现出近20名全国百强班组长，这是煤炭行业的奇迹！可以说，到目前为止，“5821”班组建设体系的管理标准，在同行业还没有被超越，它是唯一的。

面对工业4.0和智能制造，要建设世界一流的先进生产体系，必须以精益生产为基础。习近平总书记要求“撸起袖子加油干”，怎么干？我国很多技术都处于国际领先地位，如果中国工人都用工匠精神武装自己，尽可能做好本职工作，我相信以他们的聪明才智，中国的技工队伍很快就会壮大起来，我国工业强国的目标很快就会实现。

中华全国总工会原兼职副主席、全国人民代表大会
建设委员会委员、全国劳动模范 许振超

标准提升管理　管理成就标准

从1976年准格尔煤田项目部筹备处成立至今，准能集团已走过42个春秋，这42个春秋与改革开放的轨迹基本吻合，是一段国有企业从小到大、从弱到强、从强到优的发展史、奋斗史。

从企业最初的几百职工、1200万吨煤炭产能、200MW装机容量、1500万吨铁路运力，到如今拥有1万多名职工、6900万吨煤炭产能、960MW装机容量、1.2亿吨铁路运力，数字和规模的扩张是发展的表象，管理水平和能力的提升才是发展的实质。

准能集团拥有1077个班组，分布在各个领域的一线，这些班组是企业稳定运营的中坚力量，是企业健康发展的核心力量。从公司成立以来，围绕班组建设的思考从未间断。2013年公司把班组建设列为企业发展战略的子战略，定位为细胞激活战略。从此刻起，班组建设作为一项系统性工程全面启程。

当然，管理方法不会一蹴而就，更不是凭空想象出来的。准能集团的班组管理有着42年的历史积淀，它植根于准格尔煤田，有着鲜明的行业特色，有刚性约束也有柔性激励；它有着国际化的视野，引进国际先进的设备与技术，在与境外服务厂商耳濡目染的接触中，“标准化”在脑海中萌芽；它有着现代化的思维，在推进企业管理现代化的进程中，作为管理的最终端，班组一直是关注的焦点。在凝聚历届准能领导干部职工管理智慧的基础上，准能集团的班组管理形成了标准，形成了文化，但管理提升永无止境，我们应做好“接棒人”，根据时代特点、企业发展、生产实际，与时俱进地修正标准指标、提升管理水平，坚定不移把班组管理做强做实做细，做成企业发展的坚强基石，做成一块响亮的准能品牌。

“5821”班组管理体系，是在大量调研、分析、总结、提炼基础上形成的班组管理体系；是在对煤矿、电厂、铁路、循环经济各版块班组管理工作进行提取共性、兼顾个性的管理体系，并在后续的推广应用中进行了不断地完善。“5821”班组管理体系为准能集团1077个班组提供了一个班组管理的“标准”。理解标准、对照标准、成为标准、高于标准，是标准化管理的逻辑和方向。

“5821”班组管理体系推广应用以来，准能集团班组管理水平的提升效果明显，产生了全国百强班组22个，全国百强班组长15名。荣誉是对班组管理工作的肯定、认证，近几年安全生产持续稳定、经营业绩逐步提升、降本增效成效显著，是班组管理水平提升实实在在的证明。这些成绩凝聚着每一个班组的智慧和努力，凝聚着班组每一位成员的汗水和奉献。编印此书，目的有二：一是为准能集团班组管理，尤其是“5821”班组管理体系从形成到推广，做一个真实记录；二是为行业班组管理提供一个参考借鉴。

感谢历代准能人为企业发展提供了不竭的管理思路和动力源泉，感谢中安协班组委对准能班组管理工作的发现、指导、提炼，感谢编组委各位同志的辛勤付出，也真诚希望此书对各兄弟单位提升班组管理水平能有所启发、有所帮助。

准能集团公司党委书记、董事长 杨荣明

目录

第一章

回眸：班组管理崎岖路

走过企业管理的艰难险阻，历经“在管理中迷茫、在迷茫中思考、在思考中学习、在学习中模仿、在模仿中探索、在探索中创造、在创造中总结”的风风雨雨，准能公司方走到管理的至高境界——标准化管理。

标准化管理，就是制定标准，用标准说话，依标准行动，让工作内容指标化、工作要求标准化、工作步骤流程化、工作考核数据化、工作管理流程化。从而把复杂的问题有序化，把混乱的事情规范化，把弹性管理、习惯性动作标准化。

2018 年 6 月 22 日，15 名在企业里经过激烈角逐、层层推选出来的优秀班组长站在第 9 届中国班组长论坛的讲台上发布安全管理标准化示范班组创建经验和成果，来自 31 个省市自治区、近 80 个大集团的 500 多名参会代表对准能团队的临场表现给以热烈的掌声和啧啧称赞。此刻，自豪、兴奋、激动、喜悦之情交织在一起，充荡于准能团队每个人的心里！在班组安全管理上曾有的迷茫、焦虑和困惑终于被他们的努力和奋斗驱散，今天的准能公司，已然扛起班组管理标准化大旗，走上一条有奋斗感、有创造感、有获得感、有成长感、有成就感的班组管理之路。

一 记忆中的磕磕碰碰

2007 年 2 月 20 日 10 时 40 分（农历正月初三），家家户户还沉浸在新年的欢乐气氛中，原神华准能公司设备维修中心传来噩耗，汽修车间三名职工在更换卡车前轮轮胎过程中，因违反安全操作规程，发生轮辋、锁圈崩出机械伤害事故，造成两人当场死亡，一人经抢救无效死亡。

事故震惊了公司万名职工。他们默默地围坐在一起，陷入失去工友的极度悲伤中，设备维修中心大院内的家属们更是悲恸欲绝。噩耗将早春的蓝天扫荡得无影无踪，乌云笼罩在俗称（“鸡爪山”的上空）。

“鸡爪山”位于内蒙古鄂尔多斯高原东部的准格尔旗，历史悠久，矿产资源丰富。新中国成立前，这里是经济落后的贫瘠地区，新中国成立后，国家非常重视该地区发展，对其进行了开发与建设，准能公司就坐落在“鸡爪山”上。

准能公司筹建于 1976 年，是集煤炭开发、坑口发电、铁路运输、煤炭循环经济产业为一体，拥有年生产能力 3400 万吨的黑岱沟露天煤矿及配套选煤厂，年生产能力 3500 万吨的哈尔乌素露天煤矿及配套选煤厂，装机容量为 960MW 的煤矸石发电厂，正线全长 264 公里、输送能力超亿吨的大同—准格尔 I 级电气化铁路（其中点岱沟—九苏木双线区段 162.48 公里，输送能力 2.72 亿吨），正线全长 183 公里、年输送能力 2.1 亿吨的准格尔—神池 I 级双线电气化铁路，年产 4000 吨的粉煤灰提取氧化铝工业化中试工厂以及配套的供电、供水、通信、计算机网络、污水处理等的综合能源企业。这里有国家最早、最大的露天开采作业——准能黑岱沟露天煤矿，设备维修中心就在黑岱沟露天煤矿的北侧，早期它是黑岱沟露天煤矿的一个维修部，2003 年 2 月 18 日准能公司正式批准成立其为公司设备维修中心。

设备维修中心担负着公司露天煤矿所有设备的日常保养、点检、维护、检修及所有设备整机的大中小修理工作。由于煤田开采、征地及地方政策等各方面因素，设备维修中心的员工一部分来自专业院校，一部分来自各个地方的老矿区工人，一部分来自当地的征地户。

最初，准能公司发电厂的规章作业是依据国家电网的安全规程操作，大准铁路的规章作业是依据国家铁道部的安全标准执行，安全管理方面几乎不存在隐患风险。可露天煤矿是国家最早、最大的露天开采作业，在安全作业方面，国家几乎没有形成行业的标准作业流程。因此，在这种环境下不出事是偶然，发生事故是迟早的事。

事故发生后，准能公司领导迅速展开多方面的事故分析会，鉴定事故的直接原因是设备维修中心汽修车间二名职工在更换 630E 卡车左前轮胎过程中，在充气前未确认轮胎钢圈安全到位的情况下，边充气边站在轮胎正前面紧固螺栓，违反了《设备维修中心安全操作规程》，导致悲剧发生；间接原因是职工在春节期间急着回家过年，赶时间、赶进度，简化了检修作业操作程序。

所有员工得知这个结果，既惊诧又惋惜，因为“回家”，因为“急”，而永远回不了家，永远停息在了“半路上”，生命转瞬即逝，这不能不让人唏嘘！

究其根源在哪里？

2007 年 2 月 23 日，原神华集团副总经理李东就这个问题与准能公司的各单位班组长面对面座谈，展开了关于管理、标准、流程等问题的沟通和讨论。

（一）规章制度被陋习冲击

早晨 7 时 30 分，在准能公司发电厂院内，一名运行女工跳下通勤车匆匆到食堂买了两个包子，边吃边走向主控室。进了主控室后，交接班的十几个人围坐在丰盛的早餐前，互相品尝，谈笑风生。运行女工很快凑过去，和大家八卦起来。上后夜班的监盘人员熬了一晚上，眼睛通红，站在盘前，不断地回头听她们叽叽喳喳，顺便说上两句。交接班的班长换了衣服从更衣间出来，对她们说：“说了多少遍，领导不让在主控室吃饭，就是不听。要吃赶快吃，一会儿主任就来了。”

8时，交接班结束，大家监盘，聊天，班长又一次喊叫：“不要在盘前说话！”接近8时30分，各车间领导纷纷走进主控室，所有的运行人员正襟危坐，待领导检查完毕，转身离开，背后依然传来嘻嘻哈哈的笑声。

监控盘上的警铃似乎也要凑个热闹，时不时地尖叫一两声。班长大声质问：“怎么回事？赶快消除警报声。”运行女工说：“能有什么事？多少年的预警现象，又不是一天两天，也不影响负荷，大惊小怪，等月底检查的时候把铃声电源切断不就行了吗？”

这时，值长台上的电话铃声响起，是通知大家厂里要突击检查，请做好应付检查的准备，水杯、记录本、安全帽等要按定置管理摆放。

警铃再一次响起，但并没有引起大家的重视，一个戴白色安全帽的人的出现反而让大家惊慌失措：“是安监！”有人小声说。这也太快了吧！运行女工赶忙跑到监控盘后切断警报电源，班长急忙招呼其他值班人员上盘，盘前不能无人。

但是太迟了，误操作电源开关，事故照明没有来得及投上，主控室失电。

规章制度是什么？过去，规章制度是一张纸，裱起来，挂在墙上，或者是压在办公桌的玻璃下。所以，那时制度是应付检查用的。

【旁白】有法不依，法非法；有制度不执行，等同于没有制度。管理制度的墙面化、纸面化以及执行上的弹性化，致使制度和行动成为两张皮，这样的管理现场隐患四伏，事故发生是必然的。

露天煤矿有一名老矿工叫赵子钦，性格急躁，干工作不喜欢拖拖拉拉。他认为很多工作就是熟能生巧。有一次，他站在爆区1025平盘准备操作爆破作业，采掘班长对他说：“爆破师傅，3#55行走故障。”

赵子钦问：“处理故障需要多长时间？”

采掘班长说：“说不好，等维修工下来才能确定。”

赵子钦一听心里有些火，等维修工下来？那维修工要是不下来是不是今天不用干了？他看了看爆区上次爆破留下的压碴儿，预测眼前电铲距离爆区侧至少有30米，想想以前这样的情况爆破过，也没出过事儿。于是拿起对讲机与对方操作员联系："设备背向爆破区，人员下机械室躲炮。"

对方操作员是赵子钦多年的同事，接到电话，笑着说："好的，明白！"

随后1～6号警戒点逐个汇报警戒情况，确认无误后，老矿工在对讲机里喊道："闫工长，警戒全部到位，汇报矿调。"

爆破工长闫某回答："矿调汇报过了，警戒好，可以起爆。"

"小赵，电铲有点儿近，没有装太多的炮孔吧？"对讲机里传来生产队长熟悉的声音。

赵子钦不假思索地说："没问题，这点活我闭着眼睛都知道咋干。"

说完，震耳欲聋的爆破声携带烟雾弥漫矿区天空，人们还没来得及清理钻进口鼻里的粉尘，就听到2号警戒点的呼叫："2号警戒点有冲天炮，飞石砸落到电铲顶部了！"

顶部防护栏与一个探照灯被砸坏，直接经济损失数万元。

【旁白】惯例不能等同于制度，班组内形成的所谓"惯例"，往往导致安全工作过程中的误差。差之毫厘，谬以千里。

（二）班组陷入传统管理与现代管理冲突的旋涡

继"2·20"事故发生后，准能公司发出了"大力加强班组建设，重塑班组建设新篇"的口号，坚决杜绝人身伤亡等重大事故。认真研究学习《神华集团公司关于加强班组建设的指导意见》，认识和肯定了班组长"兵头将尾"的重要作用，制定了《准能公司班组建设试行办法》，并制定了详细的班组建设考核细则。

根据生产实际情况和管理的需要，按照有利于开展班组建设工作、有利于班组安全生产的原则，准能公司对所有的班组重新进行了合理设置：一是将业务素质高、工作能力强、懂技术、会管理、善于创新作为班组长的任职标准和条件，通过民主集中的程序选拔和任命了一批新班组长；二是加大对班组长的培训，不定期地邀请国家知名专家、教授开展关于现代企业管理思想、提高班组长管理能力的讲座；三是结合各单位班组设置情况，下发班组长津贴。

2007年11月22日，准能公司召开了第一届班组建设经验交流会，这是

准能公司各级领导对班组建设重要性的认识，是班组由生产型转变为管理型的关键。参会人员有公司班组建设领导小组成员，负责班组建设工作的各单位负责人及部门负责人，各单位班组长。会上来自选煤厂、设备维修中心、发电厂、大准铁路公司、公用事业公司，露天矿的段、队及管理人员，工作在最前沿的六位班组长介绍了本班组的管理经验和心得体会及如何引导班组更好、更有效地开展班组建设工作。

从此，班组管理从过去只抓生产管理，转变到现在抓生产、安全、经营核算、民主管理、班务公开等的主要内容的综合管理，在全方位、全过程掌握生产动态的同时，推进班组管理由“被动式，后知后觉式”向“主动式，先知先觉式”转变。

之后，随着一大批大中专毕业生的涌入，新时代、新观念涌进班组，积极的职业态度、创新的工作理念几乎覆盖了老工人、老班长。新旧交替的错层思维，又一次使班组安全管理工作陷入困境，举步维艰。新问题、新矛盾相继出现，说教、考核、严厉批评根本不适用。

【旁白】在企业的人、机、物、料、环中，人是最主要的因素，企业的生产、任务、目标都要靠人去完成，人的问题不解决，生产任务则很难完成，或者说很难完成好。

（三）班组长整日提心吊胆：别出事，别出事

“2·20”事故后，准能公司在安全管理方面下大力气，绞尽脑汁，终于使持续了多少年的事故分析会由一个月开一次延长到一个季度开一次，之后又延续到一年开一次，如今事故分析会的办公室居然被贴上了封条。

准能公司的露天煤矿不是“可以不死人”，而是“坚决不能死人”。准能公司是坚决不会拿工人的生命来决定企业的安全系数，这条红线是永远不能

逾越的。死亡事故没有了，但是设备伤害、人员伤害等事故不断发生，其严重性也在不断增加。

2009年，符合准能公司露天煤矿作业生产的“本质安全管理体系”出现在人们眼前。

“本质安全管理体系”使“人、机、环、管”处于和谐状态，在露天煤矿、维修中心的两年试用期间，准能公司没有发生重大伤亡事故，人员设备伤害基数逐年降低。2009年准能公司将这一体系推广应用到各二级单位，要求强化动态检查，让标准全过程、全方位、全员、全天候地得到贯彻实施，真正延伸到生产末端，下沉到生产每个环节，严格动态考核。

班组建设是“本质安全管理体系”能否筑牢的第一道防线，班组长的综合管理能力是“本质安全管理体系”能否实施的第一个把舵手。班组长必须严格遵守“本质安全管理体系”的各项细则规定，必须推行“本质安全管理体系”的安全绩效工资，严格过程考核，通过强硬的经济杠杆，提高班组人员的执行力和服从力，保证各项规章、制度、措施不折不扣地落到实处。

班组长的安全头盔重新被加装了一道“紧箍”，在日常管理工作中不但要完成工作任务，还要逐条逐项分析工作任务的可控性、不可控性以及工人的可承受能力。

这是对安全认识的大踏步飞跃，更是安全管理水平的飞速提高。从“煤矿可以不死人”到“不能死人”，从“不伤害”到“不能伤害”。安全理念从“要我安全”到“我要安全”，再到“我会安全”。

2010年，神华集团公司创建“五型”企业，即本质安全型、质量效益型、技术创新型、成本节约型、和谐发展型。

2011年，准能公司下发《关于开展“五型”班组创建活动的通知》，“五型”班组是在“五型”企业的基础上提炼出来的，内容具体，目标明确。准能公司对各单位统一部署，创立创建领导机构，落实责任部门，根据本单位工作实际，以人为本，选择其中的“一型”或“几型”作为突破口，通过典型引路，以点带面，推动“五型”班组创建活动全面展开。

2012年的春天，神华集团的风险预控管理体系的工作规范、管理规范、操作规范、行为规范、技术规范被绘制成矩阵图版，准能班组建设和管理更精细化。

不断地变化，不断地规范，不断地更新，生铁一般冰冷地安全管理考核制度，让班组长整日提心吊胆。

至此，班组长和班组员工展开了一场“猫抓老鼠的游戏”。

越紧张，越出事

“嘀嘀……嘀嘀……”表铃响了两遍了，矸石电厂一名输煤班长又该上夜班去了。这几天汽车运送的煤块比较大，二班在上煤过程中已经出现一次撕裂皮带的事故了，他一直担心自己班里再出现皮带撕裂或其他不安全事故。

到了单位，交班的老王说：“今天还得用斗轮机上煤，煤还是和前几天一样，大块的多。”他心里一紧，交班的老王接着说：“你当班时要注意了，我们好不容易熬过这个班，没出啥事故。”

班前会他开始布置工作任务，安排斗轮机司机老郭和2号皮带值班员何师傅在上煤时发现大块及时停止设备，然后将大块煤搬下去，不要让大块煤卡在落煤筒里，而且取煤量不能太大，防止出现堵煤或设备损坏事故，特别强调两个人要好好配合。

可上煤没多长时间，斗轮机司机就向程控值班员汇报：斗轮机落煤筒堵煤了，2号皮带从中间划开一道口子。

真是怕啥来啥，他冲着老郭和何师傅怒吼：“怎么弄的？上煤前千叮咛万嘱咐你们要控制好煤量，发现大块煤先搬下来，怎么就出问题了？”

何师傅委屈地说：“我们是听你的，刚开始干就把斗轮机悬臂装上，手脚并用地搬运大块煤。可是大块煤太多了，顾了前面，后面的看不住，等发现2号皮带没有煤时，才知道落煤筒堵煤了。我们两个人眼皮都不敢眨一下地盯着，谁想到落煤筒还是被卡住了。我们也没办法，班长，你看怎么办啊？”

【旁白】班组长要学会控制自己的情绪，从解决问题的角度出发，冷静、理智地帮员工查找、分析并解决问题。

二 生产作业现场的虚虚实实

2013年，准能公司企业文化落地。企业文化是企业生存、竞争和发展的灵魂，具体表现在员工的精神风貌和工作作风上，是员工共同的价值理念和行为准则。以文化用人，以文化塑人，以情动人，内化于心，外化于行，“你能，我能，大家能，准能！”要把这份心、这份情、这份动力融入班组，让它温暖每一位职工，让它点燃每一位职工潜在的能量之源，让它在转化成生生不息的生产力。

2013年5月24日，露天矿设备维修中心院内彩旗飘飘，热闹非凡。由来自公司企业管理部、党委工作部、工会、人力资源部、安监局领导、党政主要负责人、班组建设管理部门负责人和管理工作人员、车间段队主要负责人、班组长和班组建设管理人员等120人组成的一支庞大的观摩队有序进来。他们参观了设备维修中心的文化长廊、机修车间、电修车间、工程机械检修现场，查看了各车间目视化情况5S定置管理标准化模式，重点了解了“两单两会一挂牌制度”“五步工作法”“一二三四”管理办法，都赞不绝口。当听到设备维修中心连续安全生产2200多天的惊人数字时，所有人都瞠目结舌。

准能公司一边敲响警钟提醒自己，一边整理衣冠对照自己。六年的时间，公司不同的行业生产形式，让1077个班组、1320名班组长相继产生近百种班组建设模式、理念和口号。

大准铁路公司的“十合一”台账管理办法，实行“岗位达标，班组升级”“三步曲一”班组建设；黑岱沟露天煤矿开展“007”班组建设方案；哈尔乌素露天煤矿制定“三三四五”“一六九”“930E”“一二三四五七”“三三一一”班组管理体系；选煤厂制定“四亮六步”工作法；设备维修中心开展“班组先进点对点带动”“五步工作法”“三步工作法”；矸电公司开展“三基建设”；氧化铝中试厂开展“四民主六公开”；供电公司开展“五比五看”，公用事业公司开展“五小五比”，物资供应处开展“365天在岗，24小时服务”，推行“岗位明星”“金牌班长”“星级班组”“红旗班组”；信息处开展“每日一题”；房屋物业公司开展“4321”“四清”“一齐二报三无四净五满意”；黑岱沟实业公司开展“二抓三学六保”；行政处开展“一把手，六重要，火车头”班组管理法；治安环保处施行“116”管理法；驻呼办开展“十要素”，一个宗旨、二个态度、三让三轻、四勤五净六到、六个一样、七声八服务、九规范、十主动管理法；等等。

一年一度的班组建设经验交流会由初期简单的经验座谈会逐步升级为公司年度常态化的重要会议之一，会议内容在班组长介绍交流经验的同时，增加现场观摩、讲说、实操演练等环节。

准能公司第六次班组建设现场推进会设在露天矿设备维修中心，会上，公司总经理王启瑞说：“企业的战略决策再正确，规章制度再健全，工作计划再周到，最终都要落实到班组，通过班组来执行，依靠班组去实现。大力加强班组建设不仅直接影响全年生产经营任务的完成，更关系到企业长远战略发展目标的实现。要继续加强党委牵头抓班组建设的管理模式，结合班组的生产情况及形势，把生产任务、形势变化、成本和效益等热点、难点问题融入党建工作中，始终将如何进一步加强改进班组建设、增强班组工作动力、激发班组工作活力作为党建工作的着力点，努力形成加强班组建设的工作合力。各级领导和管理人员要转变作风，胸怀全局，心往基层想，脚往基层走，把工作重心下移到班组和现场，千方百计为基层解决实际问题，推进班组建设工作的健康发展。”

公司党委副书记、纪委书记、工会主席秦泰说：“要结合各班组工作特点，提炼班组理念，形成鲜明的班组愿景、班组价值观、班组精神、班组作风等特色的班组安全文化。要抓好对标管理，创新载体，典型选树。”

公司副总经理黄建军宣读了《关于开展安全管理标准化示范班组创建活动的通知》，启动班组安全管理标准化示范班组创建活动。

准能公司副总经理黄建军在2013年班组建设现场会上讲话

安全管理标准化示范班组是以公司各单位班组安全建设作为基础，建设“岗位有职责，作业有程序，操作有标准，过程有记录，绩效有考核，改进有保障”的现代化企业班组，形成全员认同、共同遵守、带有本班组特点的安全价值观，塑造“想安全、会安全、能安全”的本质安全型员工，打造“危险预知、隐患可控、机制运行有效、事故为零”的本质安全型班组。要将班组安全标准化与贯彻安全生产法律法规相结合，要将改善安全环境和提高职工职业技能素质相结合，要将现场、设备和质量管理为主企业管理提升相结合。

神华准能集团有限责任公司文件

准能安字〔2015〕113号

关于开展安全管理标准化示范班组
创建活动的通知

集团相关部室，子、分公司各单位、各相关部室：

为进一步加强班组安全管理，夯实安全基层基础工作，确保公司安全生产，现将《神华准能集团公司安全管理标准化示范班组创建活动实施方案》印发给你们，请认真贯彻落实。

神华准能集团有限责任公司（代章）

这是准能公司班组建设进入新时代重要阶段的“鲤鱼跳龙门”，它将飞溅起巨大的海浪，促使绿色环保的准格尔煤田黑岱沟露天煤矿、哈尔乌素露天煤矿、设备维修中心、大准铁路公司、矸石发电厂等单位相继效仿，打造出一批优秀的班组长队伍。

负责公司安全生产的副总经理黄建军满怀激情地说：“班组是执行安全规程和各项规章制度的主体，是贯彻落实安全要求和措施的主体。大家对安全生产‘说起来重要，做起来次要，忙起来不要’的麻痹思想是最大的危险隐患，现在我们要立标杆、树典型，让模范引领安全文化。”

（一）班前、班后会要求，与现场执行力的反差

晚饭期间，一列摘挂列车到站后，技检作业的列检人员自列车尾部直接摘钩甩下几辆空罐车，打了一声招呼后便扬长而去。一名值班员从值班室门口看了他一眼，冲他点了点头，心想等吃完饭再对停留车辆采取铁鞋防溜措

施也不迟，便和其他几个值班员一边吃饭，一边聊天，偶尔瞟一眼停留车辆的动态。

突然，值班员发现刚刚甩下的那几辆空罐车在缓慢移动，他以为自己眼花了，又急忙跑出值班室确认。坏了，空罐车真的在移动。他慌忙转身跑回值班室，手提铁鞋，冲出值班室，以最快的速度，跨越五六条铁轨线路，向移动的车辆跑去，将铁鞋对准正在溜逸的车辆塞了进去。身后的同事惊叫着，让他小心。他根本顾不上这些，两眼盯着铁鞋，制动制稳溜逸车辆，直到耳边响起车辆“哧”的声音，他的喘息才停止，擦了擦头上的汗。回到值班室，他对大家说：“怎么办，记录吗？”大家看着他，不说话。几个值班员想了想，很默契地相视点了点头，反正没出什么事情，别做记录了，要不然考核时大家都完了，何况这种现象太正常了，每个班都有。为了避免更大的安全事故，也不能计较这些小细节，以后多注意点儿。几个人商量妥当之后，向站长简单地做了汇报，班后会上大家按安全无事总结当班一天的工作状况，站长正常交接班。

两个月后，站长通过走访和查阅“行车日志”等资料，基本确认这件典型的违反作业标准的恶性事件的确发生过。但毕竟事情过去好长时间了，很难准确掌握实情，当时的作业人员遮遮掩掩，真相不明，而且他觉得当时处理果断，未造成任何损失，就不要揪住不放。

还有一次，庄头窑站办理列车交会，一个在工作中向来十分认真的值班员在现场抄录现车。当时有 20 辆 K 型车，其中同一车种货车的车型发生变化，货车的长度变长了。值班员没有发现，还是用过去的方法对 K 型车的长度计算货车长度。

在接入自临站发出的列车时，意外发生了，列车不能完全到达站内。按照列车的实际长度，车站应该按超长列车组织发车并向列车调度员申请超长列车的调度命令，但此时车站是按值班员的加算以普通列车办理的命令。

这时轨道上交会的对向列车是超长列车，基于庄头窑站的线路长度的限制，只有通过庄头窑站才能发出站内停车的列车。而作业现场由于站内已经停留的列车没有全部进入站内，对向的超长列车不能按计划通过，导致 2 列车全部停在庄头窑，不能继续前行。

由于值班员的失误，造成大准铁路长时间的行车中断。

班后会上，这位一向是先进标兵的值班员，面对大家的目光很不服气，据理力争："谁能没错，久走冰滩还有一滑。"

站长当着大家的面没有批评这位值班员，只是告诫了他几句。

【旁白】作为管理者，自然应该有大海一般的心胸和度量，然而，却不能对"疏忽、瞒错、纵容、姑息"等易酿成事故的行为置之不理。"宽宏大量"的后果就是造成事故的开始，这不仅直接影响班组管理制度的实施和落实，还让整个团队在这样的氛围中逐渐丧失执行力。所以，如何做一名有效的班组管理者，是班组长们应好好思考和回答的课题。

（二）现场暴露出班组长的素质问题

班组长是班组管理、班组建设的核心，公司采取各种方法提高班组长的待遇，比如选拔后备干部时，优秀班组长优先考虑。这样也导致一些班组长在竞争中急功近利，产生各种不安全行为，出现遇事不愿担责、推诿的事情。

擅离岗位

大准铁路的扩能改造工程进行得如火如荼，为应对将来运量大幅度快速增长的需求，增设"二甲站"扩能改造。"二甲站"位于凉城站和缸房夭站之间，为了配合即将增设"二甲站"的施工，装有施工建设材料的重车到达凉城站后，由凉城站送到卸车地点"二甲站"。此时的"二甲站"已初具规模，车站的线路已铺设完毕，由于没有开通运营，还不能称为真正意义上的车站。这样由凉城站向"二甲站"取送车的作业就不能按正常的车站接发列车作业方式办理。为保证安全，遇有此类作业，站长要遵守"站长三必到"规章制度，亲自到达作业现场，对作业人员随时监督提醒，并承担在"二甲站"扳动道岔的作业职责。

一天下午，凉城站按区间卸车计划向"二甲站"取送车，就在已将重车送到"二甲站"的到发线、单机转线进入正线返回凉城站时，一名值班员发现，机车运行的后方有一列车正以正常速度尾追而来，而站道上没有人，他感觉到对方的司机在曲线地段还没有发现前方有单机运行。他大呼："站长！这儿的站长去哪里了？"

车上人员顿时惊慌失措，值班员一边安慰大家的情绪，一边联系当班站长。为减小列车追尾时的瞬间冲击力，降低危险系数，主司机操作机车以最高的速度运行，副司机利用列车无线列调紧急呼叫凉城站、缸房夭站报告遇到的险情，要求车站立即呼叫后方列车停车。几分钟过去了，当后方列车停妥后，与单机相距不到 10 米。一场惊恐，让双方乘务员及随车人员相视无言。

【旁白】班组长的行为影响整个班组员工的行为，班组长擅自离岗而让班组面对险情的事件告诉我们，班组长作为班组安全生产的第一责任人，在上班值岗期间，放弃责任让岗位失守无异于犯罪！以身作则、守土有责的意识是对班组长的基本素质要求。

一团和气

一位刚刚参加工作两个月的大车司机，驾驶着 7 号 D475 推土机在 1185 排土场清理码堆。从上午 9 时 30 分到下午 16 时 30 分，一直重复着前进—倒退、前进—倒退的往返工作。由于单位离生活区有近 20 公里的路程，眼看交接班的时间要到了，他还差十几堆码货没有清理完，心想在下班之前清理完，今天就可以圆满完成任务回家。

而就在他交班前的半个小时，工务队传达室正在紧锣密鼓地召开班前会，接班班长按部就班地对 16 点班的重点工作任务、作业地点等做了简单部署，之后便驾驶着 209 号猎豹指挥车，送推土机司机郑某、吕某、刘某、赵某四人到 1185 排土场接班，一路上他们有说有笑。

远远地，接班班长就看见了前面 7 号 D475 推土机还在作业，可他却没有对身边的同事交代安全事项，而是为了让交接班的司机离作业现场近一些、少走一些泥泞路，便继续驾驶指挥车向作业现场驶去。当他的指挥车行至距离 7 号 D475 推土机还有 50 米远时，竟不在乎地对同事说：“这小子，快下班了还在干，没事，他一定会回头看的，这是老司机的习惯，大家放心好了。”说完继续行驶。

没想到，参加工作两年的司机倒车时并未按规定回头张望倒车环境，也没有观察接班的指挥车已经停到了距离推土机右后方 20 米处，竟继续挂挡倒退，转向前行。

接班班长见状便马上启动指挥车，踩离合、挂挡、踩油门，在一车人的尖叫声中，推土机右侧履带板轧到了209号指挥车尾部，由于碾轧和重装，指挥车严重变形，车内五人根本无法打开车门逃生。

对于这一切，大车司机根本没发觉，因为推土机发动机声音很大，遮掩了他们的喊叫声和汽车的喇叭声，他只是觉得有什么不对。当他回头时也没有发现履带板下方的指挥车，只看见一面小红旗（煤矿安全警示旗）在离地面半米的地方上下摇摆。

【旁白】这次事故就在交接班之时、在班长和同事们疏忽大意之时发生了。安全是工作的重中之重，要严格执行规章和标准，班组全员参与督导，全方位管理，全过程控制，才能形成安全保障的合力。

（三）管理层思考：班组建设需要一个良性运行系统

2009年，公司年度工作会上，参会人员发现时任董事长马军的工作报告中专门为班组建设单独列出一个篇章版块，这是史无前例的。在讲话中他强调：班组建设是一项筑基工程，是企业管理的基础。加强班组建设是增强活力、提高竞争力、促进准能公司又好又快发展、成就卓越企业的重要抓手之一。公司的各项工作最终均需依靠班组实现，班组的执行力、创新力，在一定程度上决定着准能公司发展的速度、质量和效益。准能公司领导班子进一步统一思想、明确目标，更加注重班组建设工作。这以后，准能公司将班组管理工作由公司党委牵头，企业管理部具体负责落实，党委工作部、安全监察局、工会、人力资源部协助配合。准能公司各单位通过不同方式抓住班组建设的重点，不断夯实班组管理基础工作。

之后，继任董事长张维世在阐述集团公司发展战略时，将班组建设作为支撑准

能战略落地的子战略。在全公司范围内深入开展“五型”班组创建活动，全面激活班组细胞，通过提高员工队伍基本素质，提升基层班组管理水平，将公司班组建设成为本质安全型、文明生产型、技术创新型、成本节约型、和谐团结型的“五型”班组，实现班组管理标准化、作业规范化、操作程序化，为公司“五型”企业建设奠定坚实的基础。

黄建军，作为分管集团公司安全的经理，始终对集团公司安全思考。应该以哪个轴径的中心为安全坐标系的参考点？班组建设应该是怎样的一个模型？在推动公司整体经营生产的前提下，班组建设要以怎样的节奏、频率前行？

黄建军在想，这些年，企业对安全生产的重视和员工对安全重要性的认识，已经达到高度契合，有关安全的规章制度也越来越完善，但为何在行动上不能保证安全生产呢？“三违”不绝，习惯性违章还顽固地存在班组中，如果能有个好的载体和好的运行机制，把员工的操作行为置于可控范围之下，从而确保安全文化工程平稳、健康、科学地发展。

设备维修中心领导班子组织策划了一场情感教育，“一封家书”活动开始了。

“一封家书”活动在职工中产生了很大的安全效应，职工在亲情上的感同，情感上的认同，亲人们在家庭中勤吹“安全风”、常念“安全经”，为企业安全生产构造了第二道防线，给员工和家属之间搭建了一座互相监督、互相保护、人人保安全的“双保险”安全文化桥梁。

令大家惊喜的是，还有那些来自基层管理人员和工人通过班组实践总结的班组管理小妙招。

三步汇报法

三步汇报法：第一步汇报本人及所在班组的基本情况；第二步汇报近期工作成绩；第三步汇报现阶段存在的问题和下一步的工作重点、意见和建议。

这个方法不仅提高了班

组长的口头表达能力，还提高了班组长的沟通能力、逻辑思维能力，解决了班组管理是什么、为什么、怎么办的问题，厘清了班组长的思路。

“反三违”分析法

“反三违”分析法：通过“三违”责任人在班组会议上陈述“三违”发生的原因和思想认识，依据相关规章制度共同剖析“三违”发生的真正原因、可能造成的严重后果、如何有效防范等，达到帮教一人、警示大众、举一反三、遏制“三违”再次发生的目的。“反三违”分析法分为讲述“三违”概况、陈述“三违”原因、剖析“三违”现象、对“三违”的再认识、“三违”的定性处理、深入讲解教育、矫正“三违”现象、会议总结存档八个环节。

黄建军聆听着来自基层管理人员和工人的声音，看着他们在安全方面做出的成绩，既欣慰又感动。这些来自基层简单实用的安全保障法都是经过实践证明的宝贵财富，在实践工作中起到了可靠、坚固的纽带作用。这是工人的智慧，是企业的荣誉，要珍惜、保留、发扬并延续。

一个春暖花开的三月，中国安全生产协会提出了“创建安全管理标准化示范班组”的建议，引起黄建军的强烈共鸣。准能集团公司决定以开展安全管理标准化示范班组创建活动为抓手，以打造本质安全型班组为发展思路，进行顶层设计，战略规划，党政工团齐抓共管，形成联动机制，集中优势资源，开展创建活动。他决定利用 3 ～ 5 年的时间，让每个基层单位打造 1 ～ 2 个在国家能源系统乃至全国叫得响的明星班组、金牌班组，带动公司其他班组开展争创活动，向着班组个人无违章、岗位无隐患、班组无事故的“三无”目标奋进。

第二章

机遇：班组管理开启新长征

习近平总书记说：“这是一个需要理论，而且一定能够产生理论的时代；这是一个需要思想，而且一定能够产生思想的时代。”准能公司领导和职工们经过探索和思考后发现：班组管理需要理论引领、系统思考、体系建设！

一项通过顶层设计、构建“5821”班组管理体系的伟大工程开始了。

一 征程中的压力与思考

2014 年秋天，准能公司会议室聚集了十几名管理人员，他们聚精会神地阅读着桌上的页卷文字。这是准能公司班组建设体系“5821”“分娩”的时刻。

基于准能公司煤电路循环经济一体化生产运营模式，公司必须构建一个系统性的班组管理体系，来承接原神华集团和准能集团的战略目标。该管理体系能把公司高层领导的思想和基层员工的需求紧密地连接在一起。它既是班组管理的指导思想和制度，又是准能公司的一个特色名片；既要有宏观层面的指导，又要有微观的管控推广，让准能公司 20 多个单位、1000 多个班组、近百种班组管理模式凝结成一个统一的系统、贯穿一个核心的思想。

（一）领导发狠：细胞必须激活

2011 年，李军由设备维修中心调入哈尔乌素露天煤矿任党委书记，继续抓班组建设。在决战四季度任务的关键时刻，哈尔乌素露天煤矿会议室里人头攒动，几名班组长像受了委屈的孩子，给领导汇报工作：

“4#495 电铲在作业过程中，突然出现故障，汇报调度联系处理故障，可是目前 4#495B 电铲仍然不能作业，整整一个小夜班、大夜班全部欠量！”

“因为处理‘铲窝’，电铲司机和推土机司机吵起来了。”

“处理路面‘掉块儿’时，推土机司机和卡车司机争执动手。”

“3#395B 电铲作业时，掌子面上掉下来一块一米见方的大块儿，砸在电铲驾驶室左前方，幸好司机躲避及时，没造成人员伤害，可是司机操作室损毁严重！”

……

5个班长熬红了双眼，有一名班长嘴角起了火泡。

李军书记听完后，安慰大家不要着急："现场暴露出的问题，我们要一起来解决、来思考，要仔细分析问题产生的原因。"

5个班长轮流讲述完各自的工作情况，几名队长站了起来："我发现班组长的责任心太重要了！有的班组长还行，可有的班组长为了省事，在安全管理、安全隐患排查方面就会出现简化程序的情况，这最容易给安全事故埋下伏笔。"

李军书记耐心认真地听着，他说："问题的关键在哪儿？不是我们的队长不负责任，是队一级班子的个人精力有限——管不过来！我们必须依靠班组长、铲长、临时作业点的负责人，把任务层层分解下去，各负其责，才能环环相扣、不留死角。我认为：第一，各队回去抓紧进行队级各项管理制度的完善；第二，不能只凭借经验，要加强班组建设。"

从那以后，哈尔乌素露天煤矿的领导班子围绕班组建设下足了功夫，"一封家书""轮值班组长"等安全活动，创下了连续几年零事故的惊人成绩，李军书记也实现了他曾经在"2·20"重大伤亡事故现场发下的誓言："再也不会发生类似的悲惨事件！"同时，在他的带领下，哈尔乌素露天煤矿锻造出数十名公司级优秀班组长，带出一批特色班组。

党委书记不仅能抓党建，还能抓安全。黄建军和当时的董事长张维世一起走进了哈尔乌素露天煤矿。此时正是冰雪覆盖的季节，矿上的路段到处是薄冰，黄建军却走得特别快、特别轻松。

原全国总工会兼职副主席许振超、中国安全生产协会班组委秘书长夏晓凌也随黄建军走进了基层运输队班组。

近百平方米的班组会议室里，黑压压地挤满了人，有公司领导、厂矿领导、机关部门领导、干事、新闻媒体、志愿者等。班组长赵鹏有点紧张，他的心提到了嗓子眼儿，班组的工人兄弟们也没见过这阵势，一个个紧张得冒出了汗。只见赵鹏定了定神，然后用响亮而富有激情的声音宣布班前会开始，大家起立唱班前会歌："团结就是力量！"弟兄们声如瀑布突泻，击人耳鼓："团结就是力量，这力量是铁，这力量是钢……"高亢有力的歌声，在会议室里回荡。这不仅让准备上岗的兄弟们精神大振，而且还让旁听班前会的领导和来宾们感到振奋。歌后，赵鹏开始安排当天生产任务，敲重点、说分工、谈合作、讲注意事项，然后提出问题、讲解案例、抽查安全规章等。夏晓凌情不自禁地称赞：“我走进全国无数班组，这是我见过的最有创意的班前会，我们一定要把它向全国班组展示，打造成全国班组的标杆。”

之后，一行人走进了运输队的班组建设园地，看到了赵鹏带领着73名工人兄弟创新的“930E”班组管理法，自拍自演的“矿工Style”“铁军部队的背影”等视频，当听到该班组连续五年没有发生安全生产事故，工作之余，还自发开展捐资助学、扶贫济困等社会公益活动时，董事长张维世笑了，他频频点头，同时下定决心，要激活班组细胞，加强加大班组建设，把班组建设作为公司整体战略的子战略来抓。

（二）如何激活细胞？管理者与职工一起研讨

那次到工前会，让许多人难忘的是原董事长张维世发自肺腑的话语。当时，感受到班组力量的张董事长兴奋地抬起双手，在自己脑袋两侧比画着说：“我这里通透了，通透了！”之后，他看着基层上报的有关班组建设的文件提案，陷入深深的思考中。准能公司新常态下的战略目标“七彩准能”，及集团公司的“1245”清洁能源发展战略目标，若想发挥得更加淋漓尽致，实施“班组建设”这个大刀阔斧的举动会不会是锦上添花？正当他犹豫不决时，公司企管部副经理李雁峰信心满满地拿着新起草的班组建设方案站在他面前，向他深入细致地介绍了班组建设情况和班组建设的工作思路。张维世听完，毅然决然地把公司十六字战略的最后四个字由“创新发展”改为“细胞激活”。他解释说：“创新发展”是国家战略，落到我们企业，就要变为有实实在在的做法，“细胞激活”就是创新，就是发展！

从此，在调研会、调度会等大大小小的会议上，张维世都要提到班组建设，都要把哈尔乌素露天煤矿赵鹏等有关特色班组的事迹拿出来和与会人员说一说、谈一谈，要激活细胞！

公司上下 20 多个单位紧锣密鼓地展开了“细胞激活”工程。公司、矿、厂、段（队）领导走进班组，展开和班组长的倾心交流，随时掌握班组成员的需求以及班组管理中出现的难题；开展问卷调查，走访家属协管等活动，大范围地调动全体员工共同参与班组建设的创新改革。公司企管部、安监局、工会等部门不定期地召开各种形式的班组长调研会，共同探讨、研究，各抒己见，推出多种多样不同议题和方案。

【旁白】细胞激活战略，拉开准能集团新时期班组建设的大幕。如果说传统的班组建设犹如当年中国共产党领导下的红军两万五千里长征，那么，准能公司具有创新性思考和做法的细胞激活战略，则是在新时代背景下的班组建设新长征！

（三）顶层设计：构建“5821”班组建设体系

历史推着班组管理向前走，可是班组建设似乎遇到了瓶颈。用什么样的载体或抓手来抓班组建设？从公司高层到基层班组长，大家都在思考着同样的问题。

公司董事长张维世的理解是：从当时的战略构想来看，公司“七彩准能”战略目标明确，内容完整，思路清晰，安排具体，已经做到职工家喻户晓。战略如何真正落地，如何在整

体上安排布局的问题，还有如何做细的问题，目前尚缺乏有力的抓手和强力的支撑。

公司副总经理黄建军是分管安全工作的，对班组是安全管理的重点和难点有着深刻的理解，仅仅开展安全管理标准化示范班组活动是远远不够的，必须强化班组风险超前预控意识和能力，真正实现班组安全管理工作由事后管理、结果管理向过程控制、超前防范的根本性转变。

公司党委副书记秦泰分管班组建设工作，有着丰富的工作经验。他强调，安全管理的难点在班组，文明生产的起点在班组，技术创新的关键点在班组，成本控制的重点在班组，企业文化的落地点在班组，一定要把“五型”班组创建作为一项长期的重要任务来抓，牢牢抓住“五型”班组这个牛鼻子。

公司班组建设主责部门企业管理部经理杨振华觉得：班组是一个企业最基层的组织与作业单位，也是最小、最活跃的细胞，如果说员工是企业发展的智慧和源泉，那么班组就是员工展现自我和实现价值的最好平台。激发了每一个员工的创造性、创造力、激情，那么就激活了班组细胞，这个“小细胞”就会迸发出“大能量”。

基层班组长非常困惑：当了这么多年班组长，花了不少心思，干了不少工作，感觉该做的都做了，又觉得什么都没有做好，要是能有一套标准、体系就好了，有了指引和方向就不会盲目了。

公司班组建设主责部门企业管理部副经理李雁峰和班组建设主管潘建国在行动：一个企业走到今天，班组建设该有一套自己的体系了；班组建设应该是一项企业战略；在推进班组建设进程中，集团公司、厂矿单位、车间段队开展班组工作的侧重点是不一样的：班组层面更需要具体、简单、有针对性的工作方法。两人反复调研，组织专题会议讨论、征求意见，力求把不同需求整合、融合起来，把不同的力量合作、合心，形成独具准能特色班组建设体系。班组建设体系必须以创建“五型”班组为最终目标，以创建“班组文化”为最高核心思想。这个认识和理解在班组建设推进会上达到了广泛的认同。

遵循着这样的原则和目标，班组建设领导小组对《班组建设管理办法》重新进行了修订和完善，让班组建设内容充实、可行，方向明确、管理具体，各项标准贴近实际，便于操作。

通过广泛深入的班组走访、调研、体验，班组建设体系内容逐渐聚拢、思路逐渐清晰。可用什么样的方式表现呢？企管部的同志想创建一个鲜明的图形，这个图形能以一个真实的、看得见的物体形态，呈现在上级部门及基层一线工人眼前，让大家一目了然。李雁峰绞尽脑汁，设计描绘了无数个图形并反复临摹修改，并从网络信息库相关兄弟企业的实践中寻找灵感，均没有设计出合适的图形。一个晌午，李雁峰从生产作业现场回到办公室，坐下来又陷入体系图形设计的深思熟虑当中，猛然灵光一现，不过几秒，一个模糊的三角形在他眼前旋转，李雁峰急忙将这片刻灵感记录下来，形成了后来的班组建设体系“三维立体金字塔”。

2014年，集团公司班组建设体系终于建成，它用一组简明的数字诠释，即“5821”，其内容全部被囊括于精美绚丽的“三维立体金字塔”挂图中：以创建“五型”班组为目标，以班组文化为核心思想，班组在完成工作任务的同时，必须注重安全管理，文明生产，安全培训，民主公开，经济核算，建立科学合理的规章制度、组织机构并开展一系列工作。

【旁白】“5821”的外形轮廓有了，但内容却不能仅是粗线条的，需要完善丰满，于是，李雁峰和同伴们继续在自己创造的班组建设体系“三维立体金字塔”上奋力攀登。

（四）“5821”班组建设体系的内涵及主要内容

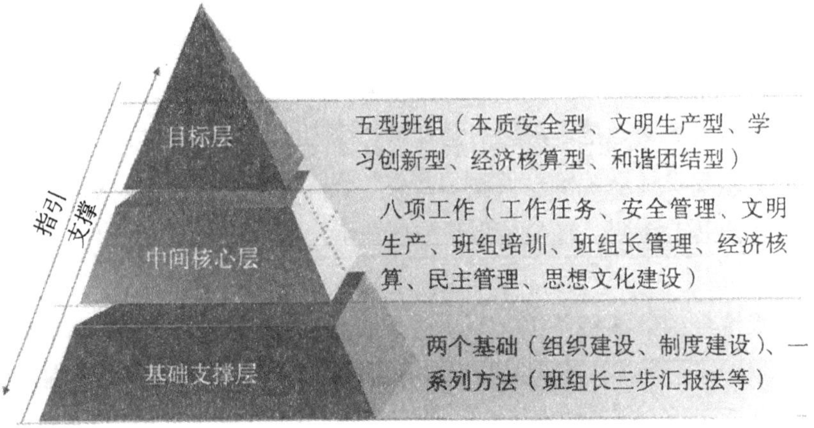

准能公司“5821”班组建设体系模型图

“5821”班组建设体系由三个层次构成，即目标层是“五型”班组，中间核心层是八项工作内容，基础支撑层是两项保障和一系列方法，自上而下为班组建设工作有序开展起到积极的引领推动作用，自下而上为目标的实现提供强力支撑。

“5”就是指建设“五型”班组总目标，即建设本质安全型班组、文明生产型班组、学习创新型班组、经济核算型班组、和谐团结型班组。

“8”就是指八项工作，是班组建设日常工作内容，主要包括班组工作任务、安全管理、文明生产、培训和考核、班组长管理、经济核算、民主管理、思想文化建设。

“2”就是指两项基础工作，是班组建设工作的运行机制和依据，包括班组组织建设和制度建设。

“1”就是指一系列工作方法，是班组日常工作实践中总结出来的，针对某一领域（某一方面、某一环节或者某一具体业务难题）的解决方法。

“5821”班组建设体系主要内容

1. 制定“五型”班组创建标准

公司结合“五型”企业绩效考评和班组建设日常工作实际，不断丰富班组建设内涵，逐步优化建设标准，明确提出了创建“五型”班组的总目标，并将其作为公司班组建设工作较长时期内的发展方向和指引航标。具体每一型的内涵设计都包含三个方面的内容，就是先树立一个理念，中间是创建内容和途径，最后是要实现的目标。

本质安全型班组就是牢固树立“零违章、零伤害”的理念，以实现全年安全生产任务为目标，通过创建安全管理标准化示范班组，强化风险预控管理，认真落实班组责任，加强安全教育培训，全面普及安全知识，提高安全操作技能和安全防范意识；班组成员严格遵守劳动纪律，严格执行技术标准、工作程序、操作规程，狠反“三违”；全员参与风险预控管理和隐患排查，全面提升班组安全管理水平，提高应急反应和快速处置能力；将班组建设成为事事有人干、人人有事干、处处有人管、人人有专责的本质安全型班组。

文明生产型班组就是牢固树立“文明生产”的理念，以加强职工文明管理、设备文明管理、物品定置管理和环境文明管理为目标，通过积极开展文明生产宣传教育，规范员工言行举止，加强设备维护和保养，改善现场作业环境，推进岗位标准作业流程的梳理和应用；做到员工仪表端庄、行为文明，设备整洁卫生、标识齐全，物品摆放有序、整齐划一，尽力为员工生产创造良好的内部、外部条件；将班组建设成为员工素质高、环境文明标准高、组织生产效率高的文明生产型班组。

学习创新型班组就是树立“终身学习”的理念，以打造出一支高素质、高技能、竞争力强的员工队伍为目标，通过创造良好的学习环境，营造浓厚的学习氛围，积极探索适合实际情况的学习机制和方式、方法；激发员工学习兴趣，深学政治理论，精学本职业务，勤学修身知识；广泛开展内容丰富的岗位练兵和技术比武活动，激励员工进行各种发明和技改创新活动；不断提高岗位竞争能力和员工操作技能，努力形成工作学习化、学习工作化、以学习推动工作、以工作促进学习的局面；将班组建设成为员工主动学习、专业技能增强、整体素质提升的学习创新型班组。

经济核算型班组就是牢固树立“节约就是效益”的理念，以加强成本核算、降低生产能耗、提高工作质量为目标，通过发扬勤俭节约传统，强化全员节约意识，创新节约手段，积极开展双增双节、合理化建议、劳动竞赛等活动；充分利用小发明、小创造、小革新，提高设备、设施的利用率；努力盘活班组资产，坚持修旧利旧，做好资源的综合利用，以各种定额为标准，落实指标责任，加强班组考核，有针对性地进行成本分析，采取管控措施；将班组建设成为人人讲节约、事事要节约、处处有节约的经济核算型班组。

和谐团结型班组就是牢固树立“以人为本”的理念，以实现班组员工团结协作、工作协调、互助互爱、共同进步为目标，通过积极改善员工的工作和生活条件，帮助解决实际困难，充分体现公司对员工思想、工作和生活的关心，稳定员工队伍；深入推行民主管理，保障员工的知情权、参与权和监督权，激发其主人翁意识，促进个人与企业和谐共进、共同发展；注重职工素质的提高和个人成长，如“师带徒”活动师傅尽力传、帮、带，年轻人努力比、学、超，形成员工之间和谐共处的良好氛围；注重培育班组特色文化，结合工作特点提炼班组理念，形成鲜明的班组愿景、班组价值观、班组精神和班组作风；将班组建设成为员工爱岗敬业、团结互助、奋发向上的和谐团结型班组。

2. 明确八项具体工作

经过多年班组管理实践，班组建设工作内容逐渐稳定固化，主要包括八个方面：班组工作任务、安全管理、文明生产、培训与考核、班组长管理、经济核算、民主管理、思想文化建设。这八项工作既是“五型”班组的基础和支撑，又是“五型”班组创建标准的具体化。

3. 强化“两项基础”保障

一是组织建设。公司班组建设模式为：由公司党委牵头，企业管理部具体负责落实，生产技术部、党建工作部、安全监察局、工会、人力资源部协助配合。班组建设领导小组办公室设在企业管理部，企业管理部负责班组建设整体宏观指导，制定、完善班组建设管理办法，定期组织公司班组建设经验交流、现场推进会等工作；生产技术部主要负责班组生产和岗位标准作业流程在班组的推广运用；安全监察局负责班组建设安全管理工作；党建工作部抓班组的党建、团建以及思想文化建设工作；工会负责班务公开、民主管理，组织开展职工技能大赛、技术比武活动等工作；人力资源部负责抓班组培训、班组长选拔、班组长津贴的核定发放工作。

公司班组建设模式突出党委在班组建设工作中的领导地位，充分体现了公司领导班子要抓班组和抓好班组工作的坚定决心。班组建设领导小组办公室设在企业管理部，真正将班组管理上升到企业管理的高度，同时企业管理关口前移，将管控触角延伸到了基层一线班组。

公司在班组设置“五大员”。一是安全管理员，负责本安体系建设、培训，工作现场危险源辨识、预防，组织安全措施实施；二是文明管理员，负责职工文明，设备文明，定置管理和环境文明工作；三是宣传员，负责职工思想文化建设，班组宣传工作；四是经济核算员，负责制度管理，按材料、劳动定额进行班组内核算分析工作；五是民主管理员，负责班组的班务公开、民主管理工作。

二是制度建设。公司每年完善修订班组建设管理办法，其内容涵盖班组建设组织结构、部门职责、具体内容与要求、班组长管理、检查与考核等，是开展班组日常工作的重要指导文件。

4. 提炼“一系列”工作方法

在班组生产、班组安全、经济核算、班组管理等方面，公司定期通过去基层调研，挖掘、分析、总结，提炼成短、小、精的标准流程性工作方法，以此构建公司的班组建设方法库。目前数据库中有班组长三步汇报法、返三违分析法、现场命令复述法、“5+2”现场工作法。

【旁白】2016年，“5821”班组建设体系获得中国煤炭工业协会“管理成果创新奖”一等奖。在颁奖会上，延安大学校长张金锁点评说：“‘5821’是一个经历过实践的管理工具，其中闪烁着组织论、系统论、控制论和管理学的思想，它完全可以成为企业的管理标准。”

二 实践中的思路与方法

“5821”班组建设体系是经过公司各级部门的深思熟虑，基层一线1077个班组凝练而成的精华，它适用于公司煤电路一体化的生产模式，只有坚守这个核心的管理理念，全体员工才能同心协力，精诚所至，金石为开。如何让职工从内心接受“5821”班组建设体系科学的管理模式，这是一个巨大的难题。

（一）许多班组不听，“5821”落地受阻怎么办

为保证“5821”班组建设体系的落实、实施，公司企管部采取了用动感图文PPT代替繁缛说教、用声情并茂宣讲代替文件诵读、用班组长能力拓展代替课堂培训三种创新举动。

用动感图文PPT代替繁缛说教

准能公司一线基层的大多数职工都是中技、初高中等文化水平，虽具备工作经验和实践操作能力，但未必能掌握书本理论知识。从准能公司1990年建设以来，这部分职工大多数是生产一线的主要骨干、技术能手，“5821”创新型管理体系能不能有效落地，这部分职工将成为主要因素。

企管部苗志强，大家都亲切叫他“小苗”，是一位年轻有活力的20多岁小伙子，他按照公司各级领导的意见和建议，将“5821”管理体系的全部内容制作成一个灵活、动感、色彩丰富的PPT课件，从“5821”管理体系产生的背景、原因、历程，结合准能公司20多年来发生的事故隐患案例，配以精美的图形、表格和文字，直观地反映出了“5821”管理体系的深刻内涵、实行“5821”管理体系产生的效果以及未来将要创造的成果。

用声情并茂的宣讲代替呆板单一的文字诵读

“从2007年‘2·20’事故到2014年‘5821’班组建设体系落地，大家请看一组数字：神华准能哈尔乌素露天煤矿连续四年被中国煤炭工业协会评为国家一级安全质量标准化矿井，神华准能炸药厂连续六年被评为神华集团‘本安企业建设’一级达标单位，神华准能大准铁路公司实现安全生产8000天……公司以风险预控管理体系为抓手，制定和实施岗位标准作业流程，全力打造本质安全型班组，通过提高各单位班前会质量、强化作业过程危险源辨识，逐渐将‘依靠会议布置’转变为‘依靠流程管理’，将‘集中治理’转变为‘过程控制’，将预防隐患产生放在首位，持续夯实班组安全管理基础，不断强化隐患整理，安全生产保持了良好发展态势。‘5821’班组建设体系的推行和‘五型’班组创建活动的深入开展，极大地调动了班组成本节约的意识，面对外部市场持续低迷，煤炭价格连续下跌的不利形势，通过加强生产作业成本管控、强化绩效考核等措施，将成本管控的压力和措施延伸到生产一线，深入班组，使煤、电、路各板块成本支出较年初预算均实现较大

降幅……”

一位声音浑厚，面相敦厚的小伙子站在百号人的大礼堂讲台上，语速均匀、语调柔和地讲着10年前发生在贫瘠的“鸡爪山”上的故事，他讲述了企业奋斗历程，颂扬了几代企业领导、企业职工的精神，还把用鲜血和心血铸成的企业灵魂展示给大家，他就是准能公司企管部的潘建国。

当时，全国著名讲师乔明瀚也在现场，他听完后颇有感触地说：“我做了多少年班组建设，在这里才看到了班组建设的真正意义，你们做到了，做得太好了！”

（二）创新思维挑战传统思维

2015年，“5821”班组建设体系遭到了罕见的红色预警风暴。煤炭市场持久低迷，煤炭价格再度大幅下滑，环保压力持续加大，利益相关方诉求不断增多。在全国煤企亏损超过70%的大环境下，准能公司的自产商品煤价格比预算降低28.53元/吨，“限产”因素使得公司的收入减少21.23亿元。根据2014年12月召开的中央经济工作会议精神，2015年世界经济仍处在国际金融危机后的深度调整期，经济增长存在不确定因素，使我国经济进入“新常态”。煤炭行业发展形势非常严峻，“产能过剩，价格低迷，企业困难，转型升级”成为煤炭行业经济的“新常态”，所有的员工必须清醒地认识面临的挑战和风险。

煤炭价格的持续降低，可能有亏损风险。成本管控的压力加大，可能有转型、转制风险。这个时候，生存是当前最现实最紧迫的问题。

就在这时，公司提出，“成本线”是“生存线”，一定要落实成本为王的经营理念，把成本问题提升到关系企业生死存亡、关系员工就业下岗的高度。一定要把成本管控提升到企业的文化建设、体制建设、战略规划高度。

必须加强班组建设。班组是公司生存发展的有效载体，只有班组最清楚公司生产中的关键及潜力所在，班组才能落实公司的企业文化建设、体制建设、战略规划。班组建设水平直接关系到公司整体经营管理水平，必须将成本管控列为班组建设重要内容。“5821”班组建设体系必须经历断奶的痛苦阶段，勇敢地去经历风雨。

“5821”班组建设体系的巅峰是班组文化，而班组文化应以“变安稳心态为危机压力意识、变公司意识为大集团意识、变计划经济时期遗留的惰性思维为市场经济拓展性思维、变习惯守旧意识为创新意识、变传统工业思维为互联网思维”为核心，改变员工传统观念，挑战墨守成规、一成不变的传统思维。

“5821”班组建设体系的八个内容、两个制度、一系列方法将这一切存在的问题和矛盾全部包含，从宏观到微观，从管理层的牵引到班组员工的支撑，足以让公司上下 17000 多名员工团结起来，克服困难，砥砺前行。

大准铁路综合服务段狠降成本，向成本管控要效益

大准铁路综合服务队拿出自己的降本成绩单：积极推行乘务人员自备日用品模式（毛巾、牙膏、牙刷、香皂等），公寓提供经消毒可重复使用的橡胶拖鞋、茶杯等，全年节约费用 60 万元；在全段深挖潜力，降低成本消耗；根据气温变化，及时调整锅炉出回水温度；在成本上算精细账进行精细化管理等举措，使该队在 2016—2017 年供暖期间，共节约块煤 1280 吨、面煤 1800 吨，共节约成本 50 万元。

哈尔乌素露天煤矿——大家心里亮堂堂

每月的 25 号，哈尔乌素露天煤矿供电队公开栏都会张贴当月队级对各班组的考核情况，与每个班组、每个人的收入直接挂钩，这个月也不例外。

班前会刚结束，公开栏就围了好多人，大家你一言他一语地议论着，不一会儿，竟争吵了起来！

“‘4#495 辅线电缆的耦合器标识牌未悬挂’这条是谁查的，明明前些天加完电缆是我挂的，怎么就会没挂？”

“‘1077 平盘坡道处的地埋电缆警示牌放置不及时’？我清楚地记得那天埋完电缆就直接放了！”

一旁的安监员张某看着，束手无策，他心里很清楚，考核中的每一项扣分都是严谨认真的，可到头来这严谨认真倒像是“得罪”了大家。他回到办公室，翻看着自己记录本上每个人的工作情况，上面虽然清楚地记着哪年哪月哪日在哪儿检查发现的问题，但是大家还是不信服，怎么办？考核的督促作用发挥不出来，职工抵触思想加大，长期下去……张某不敢想象。

得改变，也必须改变！可怎么改变才能让班组员工认识到考核的必要性和重要性，才能使考核的结果人人心服口服。

张某犯了难，一个人冥思苦想。

“小张，队长叫你过去。”领桌的同事转告他，他心里知道是什么事，每个月的考核结果出来，队长都会叫他过去了解情况。

进了队长的办公室，准备照旧做汇报，可队长这回似乎没有听他汇报的意思：“生龙，这几个月的考核下来，跟我说说你的想法。”

队长突如其来的询问，使张某有片刻的停顿，不是没想法，是还没想到什么好的对策，总不能把困难都摊给领导吧，可现在这个情况，说也不是，不说也不是，张某显得有点窘迫。

“怎么想就怎么说嘛，来，坐下来我们聊聊。”队长给张某倒了杯水。

接过水杯，张某开始向队长倒起了苦水。话匣子打开了就收不住，原本十多分钟的汇报，持续了近半个小时，聊到了考核存在的问题、职工的接受程度、目前考核的局限性等。听完张生龙的汇报，队长决定下午组织开会，创新考核方式。

下午 14 时，会议室里已经坐了十几个人，队长、书记、副队长，安监员、技术员、政工员，还有各班组长、群监员和青安岗，几乎囊括了供电队所有岗位，大家都是为了同一个目的——创新考核方式而来。

“下午这个会，我们只讨论一件事，如何改善目前的考核现状，让考核见成效，让大伙儿接纳，并且主动参与进来，发挥出考核的作用，促进我们把好安全这道关。”队长说完，“辩论赛”开始了。

“这项工作光靠安监员是不行的，一个人考核难免会不客观，会有‘人情分’，而且结果大家也不太认可。”

“要把各班组长、群监员和青安岗也拉进来一起做考核，一个人发现不了的问题、考虑不到的地方、监督存在的盲区，大家一起来发现、来考虑、来监督，相信考核效果会有所改善的，而且考核的结果也更具说服力。”

“不光是班组长、群监员、青安岗，要让更多的人参与进来，机电的考核机电，安全的考核安全，生产的当然就考核生产，党群管理大家各负其责，考核效果自然就会有所改善。让生产的考核安全，难免有不到位的地方，考核结果也不能服众。”

“职工也可以参与考核嘛，跟着考核组一起去现场，自己日常工作中爱犯的毛病自己最清楚，查起来也就会特别留意，容易发现问题。”

“不是已经有‘轮值班组长’了吗，我们可以再设个‘轮值安监员’，让职工轮流来检查，哪个班组休班就派个代表上来，跟着一起查。”

会议持续了两个多小时，这场关于创新考核方式的“辩论赛”终于落下了帷幕。

第二天的班前会，集大家智慧诞生的创新考核方式总算与大伙儿正式见面了。

新的考核方式设 5 个考核小组，分别为安全、生产、机电、核算及内页，考核组成员由原来的 5 人增加至 14 人，每个考核小组当月考核结果由分管领导把关后再进行汇总公示；同时设立“轮值安监员”，由当天休班的班组成员轮流担任，一同参与考核，从而一改以往“考核方式单一、考核存在盲区、职工不够认可”等一系列不足。

到了 25 号，公开栏张贴了当月的考核情况，同样围了好多人，你一言他一语，却不再有质疑和争吵。

“大家不吵，我倒有点不习惯了！”张某和大家开着玩笑。

“吵不起来了，原来的‘一根筋’，现在成长到两头堵了！”

一句适时的玩笑，让大家一阵哄笑，看来“阳光”考核算是见成效了。

就这样，“轮值安监员”管理方式“创新”产生了！

【旁白】“阳光考核”方式执行到现在已经五年有余，其实算不得“新”了，可在职工心里，还是觉得新，觉得它生命力十足！事实再一次证明，工作考核除了数据化，更重要的是利用民主管理，让班组职工充分参与到考核制度的制定中，只有得到职工认可的制度，才能长久。

（三）“5821”的灵魂：创“五型”班组

为什么要创“五型”企业？为什么要建“五型”班组？为什么员工要把公司的战略目标当作自己的人生价值观来追求，来为之奋斗？这是一种思想，一种崇高的境界，犹如中国五千年的历史文化，从盘古开天辟地的结绳记忆，仓颉造字至造纸、指南针、火药、胶泥活字印刷术四大发明乃至今天在管理领域仍在推崇的“儒释道”思想，都是围绕着人如何生存、如何更好地生活而进行的。今天，我们沿着前人传承至今的管理思想，在班组管理的轨道上继续探索前行，不也是为了给更多人创造稳定的生活、和谐开心的工作环境，优化我们的生活条件吗？然而，为获得更多美好必须进行的努力奋斗，不能靠一个人，而要靠一群人共同完成。

准能公司，一步步成长起来，靠的是准能人 40 多年来的精神文化——你能，我能，大家能，准能！能，就行！行，就干！

“五型”企业建设是集团党组作出的重大战略决策，符合科学发展观的要求和企业发展的实际需求，它立足于企业的基础管理，着眼于科学发展的美好愿景，引领着企业事业发展的战略方向，引导着企业和员工的管理行为。为企业走上更高境界的发展道路指明了方向——既要放眼未来，进行外延扩张，又要目光朝内，走内涵式发展道路，这是从根本上贯彻建设中国特色社会主义的内在要求和生动体现。

建设“本质安全型”企业。以实现安全生产为目标，认真落实“四坚持、四强化”，即坚持走新型工业化道路、推进高产高效矿井建设，坚持安全质量标准化建设，坚持科技进步与技术创新，坚持安全生产高投入；强化安全责任制落实，强化安全教育培训，强化党政工团齐抓共管，强化安全隐患整治。同时，以安全文化为载体，以风险预控为手段，加快构建安全生产长效机制，把安全管理落实到生产经营各环节，确保人、机、物、环境、制度的高度统一，实现本质安全。

建设“质量效益型”企业。以提高经济效益为中心，加快转变主要依靠

外延扩张和资源投入的传统增长方式，着力调整产业和产品结构，推进全面质量管理，走内涵式发展道路，实现规模化、集约化经营，努力实现投入产出最优化、整体效益最大化。

建设“技术创新型”企业。以增强自主创新能力为目标，健全科技创新体系，加大创新投入，完善创新环境，培育创新队伍，努力在原始创新、集成创新和消化吸收再创新方面取得新突破，形成一批具有自主知识产权的核心技术和拳头产品，全面提升企业素质和市场竞争力。

建设“成本节约型”企业。以提高煤炭资源回收率、提高资源综合利用率为主要目标，实施资源资产化管理，围绕产业发展重点领域和关键环节，大力推进节能降耗，加强资源综合利用，推行清洁生产，探索建立减量化、再利用、资源化的循环经济体系。

建设“和谐发展型”企业。以构建和谐有序、良性互动的内外发展环境为目标，努力形成骨干产业各具活力又相互依存、组织机构分工明确又协调配合，干部职工各尽所能又各得其所，与地方相互支持、互利共赢，与经济社会相互促进、协调发展，与生态环境相互依存、和谐共处的良好发展局面。

【旁白】“五型”企业创建针对的是企业发展育人，成他成事的战略目标。“五型”班组结合“五型”企业绩效考评和班组建设日常工作实际，提出的发展方向和指引航标自然就像量身定做的一件裁衣，衣缝边角都合体恰当！

“5821”班组建设体系的目标是“五型”班组创建，巅峰是“班组文化”建设，它囊括的八个内容既包含准能职工40多年传承下来的优良传统，也包含新时代社会主义新时期的新风尚。

神华准能大准铁路黄河桥线桥工区始建于1992年，主要担负大准线两座黄河特大桥及两座隧道，2.3km线路和涵洞等设备的维修养护任务。这里先后历经5任工长，始终秉承“检重于修，尽最大努力延长设备使用寿命”的宗旨，坚持安全第一不动摇，执行规章不走样，苦练硬功争上游，甘作道石不言苦。创建“彩虹文化”，至今20多年安全生产无事故，获得各级各类集体及个人荣誉20余项。他们将这些荣誉从始至终完整无缺地保存下来，建成“历史文化荣誉墙”，让后来者接受历史文化的熏陶，把践行“彩虹文化”的使命一代一代传承下去，时刻激励和监督着后来者，时刻牢记前辈的优良传统，时刻发展和拓宽未来的桥梁守护重任。

时任班组长高峰说，由于工区远离城区、远离家，职工长期从事野外作业，工作、生活条件比较艰苦，努力培养招之能来、来之能战、战之能胜的优秀队员是工区长期坚守的奋斗目标。而“把班组建成家园”是每一名职工的期盼，他们利用现有的资源，开垦荒地，建菜园、果园，硬化地面。在外人看来，铁路工务人干的是体力活儿，没有太大的技术含量。其实，这里有电气焊、木工、瓦工、油漆工、钢筋工，在线桥维修保养工作中，都是用笨重的工具干着精致毫米的细活儿。在日常工作中他们搞小创造、小发明，创造适合自己使用的轻便工具，如两用小推车。他们积极开展节支降耗和修旧利废工作，从自身做起，勤俭节约。作业完毕后作业人员能及时对撤出的垫板、螺母、弹条等零小材料进行回收，防止浪费；对废旧材料进行分类摆放，通过细致筛选、检测，对能用的材料进行再利用。

再比如他们建立的“职工之家”活动阵地，搭建的交流成长舞台，在相互竞技切磋中感受着温情和关怀；开辟的“一栏、一牌、一园地”的班组文化阵地，充分展示职工及其家属的风采，增强了职工归属感；制作的职工心情“揭示牌”，随时关注职工的身体、精神状况。

前任班组长们勤勤恳恳，艰苦不懈，持之以恒，在困难的环境中摸爬滚打，总结提炼出的经验，经过公司这个“炼丹炉”的回炉、锤炼，形成了一个铁路沿线坚固不可摧的文化烽火台。

精细严实，塑造班组管理文化；创新机制，培育精湛技术文化；卡控标准，塑造经济核算文化；突出特色，创建精美和谐文化。

黄河特大桥，写生彩虹文化，黄河线桥工区，重涂企业文化。

【旁白】准能公司原党委书记、董事长杨汉宏说：“‘5821’班组建设体系是煤炭行业少有的管理体系。它是准能公司职工智慧的结晶，是班组智慧，它使文化准能先行一步走向智慧企业。”

准能公司副总经理黄建军说：“‘5821’班组建设体系不是僵死的，不是固定不变的，是发展的、包容的体系。它的那个‘1’具有非常深远的意义，一直可以更新，一直可以完善，一直可以推行，一直可以复制。从创建到现在，一直在发展，一直在建设。‘5821’班组建设体系是准能企业文化传承的亮点，是准能职工的思想精髓。随着新时代，新使命，新征程，我们非但不会摒弃它，还要一直去继承、去发扬、去丰富、去发展。”

（四）实践感悟，“5821”是一个管理标准

准能生产服务中心的黑岱沟露天矿第六食堂班组长张军，是个很有想法的人，他把矗立的“5821”金字塔旋转 90 度，从水平的视觉描述。从左看是目标：一年内建设成生产服务中心“五型”班组和标杆班组，两年内建设成准能公司级“五型”班组，三年内建设成中国神华级食堂标杆班组。班组愿景是“小事成就大事，细节成就完美”。班组内容有班组简介、人员分工、环境卫生、食品安全、劳动纪律等方面，后面紧跟着相应的制度、措施一系列方法。反之观看：一系列方法通过组织制度，完成各项工作任务，班组文化制高点是成就大事，成就完美，最后完成公司总体目标！如此直观的班组管理平面图，摆在员工眼前，还能有谁看不懂，搞不清楚？难怪 2016 年 8 月 18 日他们承接由中国煤炭协会、中国煤矿文化宣传基金会、全国煤炭行业共青团工作指导和推进委员会联合举办的“关爱全国矿区留守儿童科技夏令营”活动时有条不紊、保质保量地出色完成了 320 余名人员就餐的任务。

问他们靠什么来完成任务的，张军幽默地说：“要紧跟公司步伐嘛！”随后他指着横卧于墙上的“5821”管理图说：“我这儿的班组员工文化知识都不高，但是实践技术水平高，你跟他们讲‘5821’的内涵，他们或许听不明白，可如果你用这样的方式告诉他们，这就是‘5821’，这就是我们的管理标准！他们一看就明白。”

原来，班组职工拿“5821”当标准使用啊！

【旁白】“5821”班组建设体系的标准是建立健全班组文化愿景、班组管理制度，建设标杆示范班组。它包含三个方面的内容：一是树立一个理念；二是创建内容和途径；三是拟定实现的目标。以安全生产，效益生产为基础，从上它是指导、监督各部门、各单位班组建设评先选优的考核标准；从下它是建设建立班组文化，激励员工的平台，形成自主的管理行为标准。

第三章

探索：班组管理始于标准

毫无疑问，统一的标准规范有利于管理。

班组管理要先从建章立制、订立标准开始，有了标准，管理才有根有据。工作要求只有标准化，才可以把复杂的问题简单化、把混乱的事情规范化。

作为煤炭行业能源界里的翘楚，准能公司每天出采着数十万吨煤炭，而确保其安全平稳运行靠的不仅是1077个班组共同的信念、共同的追求，还有大家对“当标准人、干标准活、做标准事”的共同认知。

准能公司原党委书记、董事长杨汉宏说：“‘5821’班组建设体系就好比一个咱们捞豆子的工具，而且也只有这个工具才能一勺把锅里的豆子全捞起，这个工具不止咱们能用，其他人也可以用。”

在“用”的过程中，准能人越来越明显地感觉到，“5821”是工具，同时也是标准；越来越明显地感觉到自己对“标准”的依赖。

一 我们一直在找标准、做标准

2014年年末的哈尔乌素露天煤矿，放眼望去，白茫茫的一片。雪花在空中舞动着各种姿势，或飞翔、或盘旋、或直线式地坠落，纷纷扬扬，乌黑的“鸡爪山”瞬间银装素裹。

一辆汽车行驶在铺满细碎雪花的进矿山路上，车里坐着准能公司企管部、工会、党建、安监等部门负责人。企管部的潘建国望着窗外，看着飘落的雪花，思绪也跟着飘忽不定……自从“5821”班组建设体系落地，很多基层单位不能完全理解其内涵，班组管理依然保持过去的样子。半年前，他们已经进行了梳理，这一次就要看看梳理后的结果，大家是怎么执行“5821”的？工作是怎么开展的？组员又是怎么理解的？各单位到底认不认可“5821”班组建设体系？他有些迫不及待，又有些担心。

潘建国是准能公司企业管理部班组建设负责人，“5821”班组建设体系从初建到最后实施，他全程参与。这个体系的内涵，意义深远而重大，它既需要班组来认可，更需要管理人员做引导。它是一个管理标准，是各基层单位创建全国安全管理标准化示范班组的参照物，它需要动静态作业相结合来执行，不是一个简单的模型，挂在墙上，说在嘴上。尽管他做了多次宣讲和演示，还是不能达到预期的效果，公司反复强调要加大力度把理念扎根下去，他只有一边马不停蹄地跟进现场，探究原因，一边且行且斟酌，寻找合适的思路、方法，利用日常巡查把体系的内容渗透到班组。

车子停在哈尔乌素露天煤矿办公楼下，迎检人员早早地把要检查的各类内业台账准备好了。检查组成员没有看这些常态化的检查项目，而是直接走进了会议室，会议室里干净整

洁，桌椅摆放整齐有序。

“非常感谢各位配合我们此次班组建设年终验收工作，这次检查，我们一是查看矿上班组建设工作的开展情况；二是听听各级人员在班组建设工作开展方面的汇报，有没有突出亮点、创新；三是了解‘5821’班组建设体系的落实情况。”

哈尔乌素露天煤矿的支部书记、区队队长、班组长等依次坐下来，矿党委书记李军说：“那就先让我们矿上采掘队运行一班的工长高军介绍一下自己班组的情况。”

高军站了起来，用标准的三步汇报法做解说：“各位领导，大家好，我叫高军，是哈尔乌素露天矿采掘队运行一班工长。哈尔乌素露天煤矿采掘队运行一班现有职工 43 人，其中专科学历以上人员 37 人，28 周岁以下 36 人，占全班组人数的 86%。主要承担着坑下土岩剥离和原煤采装任务……我们锐意进取，团结拼搏，正以年轻人特有的朝气和崭新的面貌来迎接新挑战……”

机械式的汇报，不过持续了几分钟，旁边就有几个人听得不耐烦了，嘀咕着：“成天就这一套，没完没了地检查，也不知道能干啥。”

“就是，检查来检查去的不就是想罚点儿钱。”

“高军这个侃货，准备了这么多汇报内容，真能忽悠。”

高军继续说：“我们班组的口号是‘一路长久平安，每日快乐工作’。在现场操作中，凝练出一套适合自己班组的管理办法，称作‘169’；‘1’是一个目标，把哈尔乌素露天矿采掘队运行一班打造成神华煤炭采掘行业中的一流班组；‘6’是六项措施：班组人员实名签署绩效考核制度、每日安全隐患上墙制度、建立 QQ 微信平台、明星榜激励制度、员工每人一日班组长活动、建立安全幸福墙；‘9’是……”

“多年来，基层各班组根据自己的实际情况，一直在摸索标准作业、标准化管理、创新各种班组安全管理法，‘5821’班组建设体系就是在这个基础上产生的，它是这些不同特色的班组管理法的集合体，一直跟着班组长的管理工作在潜移默化。它就像人身体里的一个细胞，是与生俱有的，不是后天发掘创造的，它的出现，不过是把公司的思想、班组的文化结合起来，组成一个气势庞大的合唱团，引吭高歌。”潘建国借着高军的汇报，趁机插言。

高军接着说：“这六项措施中，我重点为大家介绍的是我们的 QQ 微信平台和明星榜激励制度。由于班组年轻人占到86%，大部分是‘80后’甚至是‘90后’，我们的设备就操作在他们的手中。针对年轻人对网络的爱好，我组织班组内成员建立起运行一班的QQ群和微信平台，把我们的工作和生活有机结合在一起……”

这不就是“5821”班组建设体系的核心和精华内容吗？潘建国眼睛一亮：“这个班组管理法非常好，非常贴近你们班组的实际，给你们加分，加分。后面有汇报的同事，就照着高军的思路，重点介绍一下你们的班组管理方法。”

“加分？我没听错吧，考核还给加分？啥情况？”

“看来这次公司挺重视班组建设的，考核方式都变了。”

“加分，这才对嘛，你说作为基层，每天忙死忙活的，又要干活儿，又要保安全，还要迎接检查，最后还给扣分、罚钱，谁愿意弄班组建设。”

大家听到“加分”这两个字后，你一言我一语，炸开了锅。

【旁白】“5821”作为一个新的管理体系，落地时需要一个过程，虽说有的班组长和职工还不太理解“5821”班组建设体系，但是他们却一直在做，而且在做的过程中，还总结一些行之有效的办法，这就更加坚定了我们推广和应用“5821”班组建设体系的决心和信心。

（一）过去为何出事故

一年的工作“一天”就干完

在西部的戈壁滩上，初雪刚过，寒风凛冽，哈尔乌素露天煤矿采场转向地面输煤系统工程的施工现场，机械林立，机声隆隆，大型作业卡车来来回回，一派热火朝天。这里是哈尔乌素露天煤矿工务队的主战场，他们的工作是排弃、修筑和维护运输道路。

相对于生产作业现场忙碌场景，办公室里整理内业台账的小王一样忙得焦头烂额。各种档案、材料和各种颜色的记号笔散落在桌上，就像道路上的碎石头、碎煤粒儿，他在清理、整顿。

小王是工务队里的本科大学生，负责班组日常管理。每当有上级部门检查班务工作时，他昼夜补填内业台账。他总是想不通，每天整这些内业台账、班组文化，有什么用？为了应付检查，他不停地在上面“创新”，创新什么？

应付！只要不被考核就行，真是烦死了！小王看着窗外忙碌的工友们，不时地掉过头更改手里的技术台账，虽然是临时编写，但也要尽量结合现场实际，蒙混过关才行。

工友们下班后，回到办公室看到小王正在加班，便开玩笑地说："你真厉害呀，咱们班组一年的工作，你一天就给干完了，哈哈……"

【旁白】其实，台账作假、应付检查，这样的情况不仅在我们企业，就是在其他企业也屡见不鲜，许多班组就是这样过日子的，许多领导的检查，就是这么被糊弄过去的。

作业程序想"简"就"减"

在工作中，有一些员工觉得自己减少工作步骤或减少辅助工具的帮助能够完成工作任务是一种本领，经常有挑战规章、挑战制度、挑战标准的行为发生。

中午，烈日当头，骄阳肆虐下的薛家湾车站酷热难当，鸡蛋落地都能被烤熟。12 时 17 分，薛站 4 道，调车员薛某某满头大汗地在机车推送平车，心想：这么热的天，得赶紧干完活儿，找个地方凉快凉快。运行至 4 道警冲标内方时，薛某某对站在平车上的连接员达某某喊道："溜一钩！"达某某心领神会地点了点头。所谓"溜一钩"，就是机车每溜出一个车组就需停车，待前一钩车越过分路道岔并准备好下一钩进路后再继续推进溜出次一车组。而且单办溜放，每溜一钩都必须单独办理进路，下一钩的进路必须待前一钩车越过分路道岔警冲标后才能办理。在正常生产状态下，是不允许这么做的。

因为天热，为了尽快完成作业，薛某某不想按照相关规定执行，而是凭侥幸在机车运行中提钩溜放，同时向司机显示停车信号，机车停车后，薛某某领车继续进行下钩作业。站在平车上的达某某并未采取任何制动措施。没想到，在距 4 道停留车 10 米左右时，平车已经停不下来了，达某某从车上慌忙跳下，这时平车与 4 道的停留车辆发生冲撞，致使平车两转向架与 1、3 位轮对脱离，一场调车冲突事故发生了。

【旁白】这样不守规章，为图省事，抱有不会发生事故的侥幸心理，简化操作程序的操作行为在班组生产中比比皆是。许多安全事故，就是在这样的状态下发生的。

（二）职工上岗作业行为为何难控

为什么出事的会是我

露天矿的作业场上，李建指挥着油槽车的倒位点，嘴里不由地唠叨：“再倒一点，倒一点，天天倒车，还用指挥？”

“好，就这儿，停！”油槽车停下来，司机跳下车与李建办理车号和车辆里程工作手续。李建习惯性地瞅了一眼，依靠惯例，取下长10米、口径约10厘米、重20多斤的油管插在油箱快速接头口。油管是自动收缩的，李建站在油槽车尾后，对着司机招手大声喊：“开始！”司机按下加油泵，听见油管里呼呼的进油声，两分钟后，油管在快速接头处突然慢慢滑动、摩擦、旋转，然后，油管弹出快速接头口，“呼”地几十公斤的油液如狮子大开口，全部喷溅在身上，巨大的反冲力撞击着李建，使他的身体失去平衡，摔倒在地上，满头满脸都是油污。李建第一反应就是快速接头脱落，加油时没有把油枪卡死在快速接头上，导致柴油喷漏。这要是在岩石台阶路段摔倒，小命不就完了吗？

这时，工长走到李建面前，问道：“昨天下午的安全教育培训你没参加？！还是今天班前会你没参加？！”

李建低着头，不敢看工长，本能地点了点头，小声道：“参加了。”

为什么参加了各种各样的培训、安全技能培训知识背得滚瓜烂熟、岗位风险辨识也都了解，今天却还是犯这种低级错误？此时此刻，内心的自责让李建哑口无言，无数个为什么，在脑子里来来回回地转，李建也想找个答案来慰藉不由自主发慌的心。

【旁白】不用问为什么，“我要安全”是员工最起码的上岗意识。有了这个意识，便会有责任心；有了责任心，就会严格执行规章。如果上岗有标准、操作有步骤、步骤有流程、执行规章标准化、执行标准不走样，还能处处出事故吗？

“鬼门关”前打了个转

“小凡、小凡……我是姐姐小平，你快醒醒！”听到姐姐魏平带着哭腔的声音，躺在病床上的魏凡努力地睁开双眼，他已经不知道自己睡了多久，只是依稀记得出事之后自己是被众人抬上担架，而后便是一阵急促的救护车声……

为了安慰姐姐魏平，小凡努力抬起一只手搭在姐姐的身上，使出全身力气说："姐，我没事。"望着平日里特别注重外形的姐姐此刻早已哭成了泪人，魏凡的心里五味杂陈。随着意识的逐渐清醒，记忆的闸门也被拉开，回忆事故发生的过程，魏凡仍心有余悸。

那是一个大夜班，魏凡和平时一样，驾驶着3#MT5500行驶在作业现场，行驶中他低头看了一下手表，凌晨3时50分。他想，这已经是第三车岩石了，再拉上两三车，这个班就结束了。黑暗中，他驾驶着装满岩石的卡车沿着既定的路线行驶，这次的任务是去1130工作面进行岩石排弃，行至起坡位置顶部，他看到排土场尽头一台推土机正在清理工作面，周围的岩石堆满了工作面的一侧，几乎没有可以再次进行排弃的位置。他有些犯愁：既然把岩石拉过来了就必须得排弃，《矿内安全技术操作规程》上曾说遇到这种情况，要等待推土机把现有的岩石清理完之后，卡车司机再进行排弃。可是，如果按照这个规定去办，至少还得等上个把小时，这样也太浪费时间了，很可能就会少拉一车，少赚一笔钱。不行，我不能等！魏凡边想边往右打方向盘掉头行驶，采取工作制动模式行车。

由于下坡路段重力加速度因素，魏凡在行驶过程中速度不断增加，快到坡底位置时，车的时速表显示为44.9km/h，这已超出矿内规定的时速30km/h。按照《矿内安全技术操作规程》的规定，他必须在下到坡底的平面时在左侧通行，可他没有，而是采取了一个大胆的做法，进行大半径转弯，临时占用右侧道路。

就在这时，迎面驶来司机小陆（化名）驾驶的2#MT4400，他也来此排弃，发觉对面一辆卡车正快速向自己驶来时，小陆吓蒙了，脑子一片空白，紧握方向盘的手已经不知道该打向何方！而后两车相撞……

【旁白】班组技术培训不到位，执行力与现场不匹配，职工上岗作业行为难控，究其原因，缺乏标准！

（三）创"五型"班组为何参差不齐

赵工长的"心病"

燕庄线桥工区地处山西省大同市马家小村，是大准线连接大秦线的咽喉交口，也是大准铁路的“东大门”。工区办公楼前身是燕庄车站小学，该校修建的初衷是方便周围村子里的孩子学习，但随着当地教育系统的发展，燕庄车站小学在 1997 年搬离了该处。工区正是在那个时候组建成立，便随后搬进了这所“老旧小学”，也就是现在的办公楼。从此，几代工务人肩负着养护大准线的重托，在物质匮乏、生活环境艰苦、设备落后的条件下，扎根荒野，顶风雪、战酷暑，靠着“吃苦耐劳、无私奉献”的精神，始终坚守着大准线的“东大门”，保障着铁路的运输安全。

那天早上 7 时 30 分，燕庄线桥工区门口的铁路线上已是一片忙碌的景象。马上要进行的是更换 1 公里长轨条及钢轨接头焊接作业，燕庄周围四个兄弟工区的 90 多名工友也一起过来协助更换钢轨，他们想利用上午 3 个小时的“天窗”时间完成这项作业。施工现场分两个作业组，一组负责把旧钢轨拨出线路，另一组负责把新钢轨拨入线路。

“准备！”指挥人员发出指令，30 多根撬棍整齐地插入钢轨下方。

“一、二……一、二……”随着口号喊起，撬棍一齐发力，伴随着钢铁与钢铁的巨大撞击声，一段钢轨被拨出线路。施工一段接一段地有序进行着，不到三个小时，一公里的长轨条便更换完毕。

就在检修工人准备撤离时，黍地沟线桥工区的高工长用对讲机对着燕庄线桥工区的赵工长喊道：“哎呀，赵工，我们得走了，你听说下午要考试了吗？”

赵工长问：“考试？啥考试？”

高工长答：“下午公司职教中心要进行职工第三季度岗位应知应会考试，我得回去准备准备，不然年终‘五型’班组验收考核时又是个麻烦。”

赵工长听了心里觉得堵了：“又考呀？！哦，那你们走吧。”

高工长走后，赵工长把考试的事

赶紧通知了大家，这下工区小院里热闹了。

“整天考？考什么？字也不认得。”

“咱们就是个受苦的，干好营生不就行了。”

“我要是当初有现在的学习条件，清华北大也早就考上了。”

大家满腹牢骚，赵工长也在发愁。考试是赵工长多年的心病，工区80%的员工都是周围村里的村民，平均年龄在40周岁以上，学历大部分都是小学或初中文化。论干活儿那都是个顶个的好手，但是一提到学习，都头疼。

【旁白】这就是当初准能公司一部分班组的实际情况，人员文化低、理论水平差，不仅班组长一提考试就头疼，在这样员工组织的班组里创“五型”班组，管理者能不头疼？

“花里胡哨”的班组文化墙

“今天，咱们班组文化墙上又换牌匾了。”

“真的？”

“倒是弄得花里胡哨的。”

“成天搞什么班组文化墙，装文化人。”

“这你就不知道了吧，咱们现在正在创建‘五型’班组，这是文件里面的要求，班组愿景、班组理念、口号都得做成牌匾上墙。”

下班后，大家在工区院里开始议论班组这几天的“新变化”。

“哎，我说班长，弄这么多牌匾不是又要考我们吧？我跟你说啊，背背规章制度也就算了，这些东西我可记不住啊，别到时候领导检查提问的时候，把我考住，扣我钱，那可不行！我可是提前跟你打招呼了。”老王皱着眉头说道。

老王是工作了20多年的老员工，平时为人踏实肯干。在他眼里，上级平时做宣传牌匾就是在走形式，而且和他想法相同的职工不在少数。

【旁白】班组文化建设的表现形式丰富多彩，建文化墙也不失为一种好方法。然而，文化墙建设要易于职工接受，内容要切合班组实际，呆板、僵死、形式单一的文化墙职工的确不喜欢。如果“五型”班组的创建跟班组创建文化墙的思路和方法一样，那么，结果可想而知。

（四）班前会质量为何忽好忽坏

随心所欲的班前会

下午 4 时 10 分，九哥微晃着走进传达室，小研正坐在传达室抽烟。他看着九哥微红的脸，问道：“九哥，你中午是不是喝酒了？”

“中午来了俩兄弟，稍微喝了点，要是下午不上班，那喝得就过瘾了！”九哥接过小研递来的烟说道。

“九哥，你一会去后面坐着吧，别让老漫闻到烟味儿！”小研提醒。

“我才不怕他呢！”九哥把头一扬，猛吸一口烟又用力吐了出来。

“快去吧，多一事不如少一事。”小研劝着。

“行，行，行。”九哥不耐烦地走到传达室靠后的位置坐下，趴在了桌子上。

“快闪开！别烫着。”小包捧着盒泡面跑进了传达室，坐在小研身边：“哎，可别提了，中午玩游戏忘吃饭了，先垫点，不然等不到晚饭就饿了。”

尼古丁和方便面的味道混合在一起，弥漫在传达室里，甚是难闻。

“开会了！”班长老漫拿着记录本走进来，招呼着大家开班前会。他先是点名，然后就说起干活儿的注意事项，他说得起劲儿，小研和小包却在一旁聊得起劲儿。“该进行安全宣誓了！”老漫一边喊道，一边看着职工的精神状态，发现一个个站得东倒西歪。

这场景让老漫有些暴躁，大声喝道：“咋啦？没睡好？要不给你们一人配张床！”大家一看老漫急了，赶紧打起精神，卖力地喊了几声。老漫继续按着班前会流程泛泛而谈。有个别职工开始发起牢骚：“班前会每天开半个小时，天天就这一套，都听烦了，还不如早点分工，早点下班。”

半小时后，老漫传达完了上级精神，大家相继走出传达室，去乘坐中巴。小研问小包：“咱们坐哪个中巴？刚才只顾跟你说游戏了，没听着。”两人急匆匆地跑回去，小包问：“班长，我俩坐哪个中巴？”

“你俩坐几号车？我看看记录本。”老漫翻了几页，找了找说，“4 号中巴。快走！”

两人急急忙忙跑出去，4 号中巴已经启动了，两人边追边喊，气喘吁吁地坐上车……

【旁白】班长想到哪说到哪，职工想聊什么就聊什么，班前会不开不行，开了也没什么用，甚至还让职工觉得多余、心烦——如今，这样的班前会那个时候很普遍，为何难以改善？因为从班长到职工，都不清楚班前会该怎样开，没标准可依。

一天一个样的班前会

随着通勤车的陆续到站，早晨上班的工人开始陆续走进了班组，有的在吃早点，有的在换衣服，还有的坐在凳子上看手机……班组长胡强（化名）边往会议室走边用眼角扫了一眼，大家一看“老大”进来了，立马坐正，等待开班前会。

班前点名、任务布置、安全预想、危险源辨识，时间随着班前会的节奏一点一点流逝，老李不时地低下头紧张地看看手机上的题库。眼瞅着就要到业务提问环节了，昨天就因为没回答上来问题，被罚了50元，今天不能挨罚了！老李边想边背题，那感觉仿佛是在高考的考场上。

就在他因为总背不过题而着急时，突然听胡强说：“没什么事，大家就赶紧出工吧。”简直太好了，又躲过一劫，老李差点开心地跳起来。

班组长也想提高班前会质量，但是，他们却不知道怎样开展班前会算是达到了预期效果。有的班组长会在班前会加入危险源辨识，讲一讲安全注意事项；还有的班组长会在班前会上传达一下上级文件。但是，因为没有针对班前会专门形成一套标准，所以班前会质量很难保证。

【旁白】班务管理形式化，文化愿景不明确，究其原因，缺乏标准。

二 岗位作业一直在呼唤标准

2014年工作会上，公司原党委书记、董事长张维世说：“2013年年底，神华集团原煤生产百万吨死亡率为0.004，实现历史最低，仅相当于全国国有重点煤矿的2.4%。这一成绩的取得，使我们向‘煤矿可以不死人’的理念迈出了历史性的一步。作为神华集团的一员，我们感到骄傲自豪。”

公司副总经理黄建军提出“力争零死亡，追求零伤害”安全奋斗目标，

要求各单位以风险预控管理为核心，将每项工作任务按照危险源辨识、风险评估、制定风险管理标准和管理措施、危险源监测、危险源预警五个步骤系统化运行，通过体系运转带动安全管理工作的落实。

从此，公司将体系要素逐级分解落实，细化分解落实责任、时间节点，完善体系考核标准，深入开展危险源再辨识、再评估，形成了一级抓一级、层层抓落实的工作氛围。然而在推进落实风险预控管理体系的过程中，发现许多班组虽然辨识出很多危险源，但“三违”事件却没有明显下降，班组也怨声载道，声称每天除了作业，就是危险源再辨识。

公司组建成立风险预控管理小组，深入一线班组调研，发现班组在辨识出危险源后，作业人员更不清楚哪些可以干，哪些不能干，应该怎么干，作业人员稀里糊涂，各行其是。

面对作业人员的困惑，准能公司该怎么办？

（一）从管理层开始研究探讨：向标准看齐

准能公司原党委书记、董事长杨汉宏说：“过去，企业经常发生安全事故，为了有效预防事故发生，神华集团安监局对煤矿致灾因素进行全面、系统的研究，创建了本质安全体系，后经过专家指导修订为风险预控管理体系。”

为预防井下涌水、井下火灾、瓦斯爆炸、顶板垮塌等重大事故的发生，就必须做到本质安全。什么是本质安全？比如，井下设备要求的电压是6kV或10kV，很容易产生火花，而在井下产生火花是很危险的。神华集团利用高强度防爆设施，使火花足够微弱，微弱到无法引爆瓦斯的最低系数，这就是

本质安全，神华集团的本安体系也是从这里得名的。

但矿井下有电话线，用手摸上去麻麻的，两个电话线碰到一起，就会产生微弱的火花，经检测，这样的火花不会引爆瓦斯，是安全的。但当时神华集团针对“有火花，还能不能叫作本质安全”这个问题讨论了很长时间。后来煤炭工业协会的专家说，有火花就有风险，就不能叫本质安全，可不冒火花是不可能的，但是这个风险是可以预控的。所以，把本质安全管理体系改为风险预控管理体系。

风险预控管理体系做的就是辨识危险源，什么是危险源？比如，抓瓶子的时候，我们会首先想有什么危险？烫不烫？一抓就烫手了，这就是危险，有危险就不能抓。危险源辨识后，就有了很多的规矩，要既考虑到危险源，还要把事情安全地干好，这就促使了神华集团编写作业流程。

神华集团请了煤炭行业等各个专业的全国 30 多个顶尖专家编写流程。经过两个多月的封闭生活，针对操作工生产作业现场的《岗位标准作业流程》出台了。《岗位标准作业流程》详细制定了安全规程、质量标准化等工作流程。

神华集团还从十几个煤炭子公司中，组织具有一线实践经验，机电、选煤等专业的大学本科以上的毕业生，进行集中培训。首先是工具培训，使用德国的艾瑞斯系统，在该系统中，流程和图表可以互相转换。其次是考试，考试合格后方可参与编写。编完由专家审后再交给大家讨论，最后到现场在线上进行流程检验。公司的总工程师们根据大家的流程作业，作出适当调整、修改，最终形成能实践应用的标准操作流程。这时，岗位标准作业流程才算真正完成。

准能公司将标准操作流程还扩展到了氧化铝中试厂、炸药厂等非煤重点单位以及后勤服务等辅助性生产单位。同时，把标准操作流程和风险预控管理体系融合起来，促进了《岗位标准作业流程》的有效落地。

【旁白】无论岗位标准作业流程还是风险预控体系，都需要有个好的载体让其落地班组，“5821”班组建设体系则是落地的有效支撑。

（二）岗位标准作业流程诞生了

2015年，岗位标准作业流程管理系统上线运行，平台上的《煤矿岗位标准作业流程》将《安全规程》《操作规程》《作业规程》《岗位责任制》《危险源》《人员不安全行为》等规章制度进行了优化整合，按照实际生产过程与岗位作业标准及工艺的先后顺序编写，具有编审、学习、应用、检查、统计等功能，便于职工学习、运用。《煤矿岗位标准作业流程》还在每个作业步骤中，融入危险源辨识与人员不安全因素，对作业过程实行全面管控，有效避免了安全事故的发生。

同时，《煤矿岗位标准作业流程》设置了手机App客户端，让一线职工不受电脑的制约，随时随地进行作业流程查询和学习。在学习过程中，根据职工对流程进行探讨并提出的修改意见，不断地对《岗位标准作业流程》进行完善，使它真正成为职工的得力工具、助手。

《煤矿岗位标准作业流程》的推广应用不仅改变了传统的作业方式，更是规范煤矿现场安全操作及提升安全管理水平的一场变革。

《煤矿岗位标准作业流程》系统正式上线运转后，准能集团哈尔乌素选煤厂原煤车间的闫立印负责选煤厂标准化作业流程的梳理及人员匹配，对《煤矿岗位标准作业流程》的实用性最有发言权。

一次夜班，集控汇报润滑泵失压故障，闫立印的班组迅速赶到现场查看润滑压力探头，发现温度很高，就对探头进行了更换。但是重新启机20分钟后再次出现失压故障，班长让闫立印赶紧到班组会议室取图纸进行对照检查，但车间胶带机延线较长，离班组较远，取图纸会耽误不少时间。着急中闫立印突然想起之前《液体黏性软启动装置欠压故障处理流程》，立马和同事一起按照流程的先后顺序从电源开始逐一排查，很快在一个中间接触器的辅助点上找到了问题所在，并对这个继电器进行了更换，解除了故障。

现在，《煤矿岗位标准作业流程》已经深深地融入闫立印的日常工作当中，班组员工不安全行为明显下降，机电设备故障率不断降低。员工按照《岗位标准作业流程》操作，行为得到规范，安全得到保障，这也说明“5821”班组建设体系落地了，企业整体管理水平提高了，企业朝着新的发展方向迈进。

2016 年，准能公司在《煤矿岗位标准作业流程》的基础上组织矸电公司、氧化铝中试厂等非煤板块单位梳理本单位重点岗位、安全风险性较大的作业，进行编制、审核、入库，将非煤板块流程也囊括其中。同时，积极推动流程向全岗位覆盖，努力实现每个岗位都有流程、每名职工都有流程、每项作业都有流程的目标。公司还把岗位标准作业流程的推广作为实现本质安全的重要手段，结合自身工作实际，采用“三结合一纳入”：将流程与风险预控管理体系有机融合；将流程与规范员工作业行为、创建安全管理标准化示范班组相结合，把风险预控管理体系各要素分解到职工执行流程的各个步骤中，加大危险源辨识、风险管控工作力度，消除危险有害因素；将流程纳入安全结构工资考核中，不断完善激励约束机制，激发广大职工学流程、用流程的积极性、自觉性。推动流程实现全公司覆盖、全岗位覆盖，全力构建各单位有流程、各岗位有流程、各流程保安全的大格局，确保安全生产。独具准能特色的岗位标准作业流程就此形成。

【旁白】 岗位标准作业流程作为推动“5821”班组建设体系落地的重要举措，在细化、量化和优化过程中凝聚了全体员工的共同智慧。同时，岗位标准作业流程还是风险预控管理体系的细化执行，是实现作业过程中风险控制的有效手段，两者相辅相成，相互促进，不仅解决了危险源辨识之后如何做的问题，还缩短了人才培训周期，提高了职工的岗位技能水平。

（三）《岗位作业指导书》终结了作业现场的粗放式管理

准能公司选煤厂，上承黑岱沟露天煤矿与哈尔乌素露天煤矿的原煤开采，下联大准铁路的商品煤外运，肩负着煤炭洗选加工的重要使命，是准格尔绿色煤炭的品牌塑造者，是准能公司煤炭板块的重要构成部分。回溯 1996 年，选煤厂初建时，煤炭市场疲软，大型选煤厂在国内寥寥无几，厂内无除尘装置和洒水系统，粉尘、煤泥水处理困扰着创业者们。2000 年，公司二次创业起航，选煤厂升级为处级建制，各项工作开始迈入正规化。2005年，随着公司煤炭板块的做强做大，选煤厂扩建项目启动，迎来了事业大发展的契机，同时，也面临着重重挑战。

选煤厂的生产是牵一发而动全身的连续工艺。从原煤破碎、运输，到洗选加工，再到产品煤装车，选煤工艺犹如一个连续转动的齿轮，环环相扣，紧密衔接。细小环节出问题，可降低一套系统效率，关键部位有故障，可逼停整个系统。如黑岱沟装车系统，其785胶带机的一个托辊不转、一条螺栓松动，将导致整个装车系统停机；装车液压系统一个阀或一根油缸故障，会导致整个装车系统停机，甚至导致选煤厂整体停机。

从2005年起，为应对全国煤炭市场高速扩张的需要，选煤厂开始了高位运行历程。2011年，两个洗选系统设备能力达到极限，共生产商品煤5125万吨。生产持续高位运行的代价是检修时间被不断压缩，设备保养累计欠账，设备突发故障增多。

而且，自建厂以来，进厂员工专业背景不同，陆续接收吸纳了铁路、煤气厂等多批分流人员，人员结构复杂，选煤、机电的专业人员匮乏，素质良莠不齐。环环相扣的连续工艺下，系统原发隐患多、生产高位运行、检修时间被压缩、检修量大、作业环境差、人员素质参差不齐，这些因素汇集交错，使得选煤厂安全管理工作异常艰难。

同样的工作，不同的车间、班组做法不同，甚至同一班组不同的人做法也不同。虽然单位制定了相关的标准、制度，但在具体作业方法上，更多的是靠师傅们一代一代言传身教。日常工作中作业方法的不同带来的结果就是工作质量难以保证，安全生产的基础不够牢固。各项工作还未形成统一标准，距离流程化、标准化和制度化存在一定差距。

面对生产组织工作中的诸多困难，机电厂长雷晓树看在眼里、急在心里。他立即召集机电管理部高旺、赵睿、杨静等人组建成立技术组，在员工中广泛征集意见，结合现有的岗位标准作业流程，绘制《岗位作业指导书》，由厂领导进行审核把关，然后下发执行。他要让压在胸口的“不标准”这块巨石彻底消失！

在选煤厂装车车间里，一个身材稍胖的人，手里拿着一沓手稿，边走边看，他叫高旺，2005年从学校毕业踏入选煤厂后，抱着“以心交心”的工作态度，很快就进入工作状态。选煤厂的前辈们很喜欢这个学徒，愿意把积累多年的工作经验和实际操作技巧传授给他，这对于已经掌握了扎实理论基础并志存高远的高旺来说，可谓如虎添翼。现在，他已经担任选煤厂装车车间副主任，是《岗位作业指导书》的主要组织者、参与者，他收集的上千张流程图就是《岗位作业指导书》的初稿。

在收集过程中，高旺"软硬兼施"。车间里的老员工大部分是自己的师傅，在征集手稿时，很多人都嫌麻烦，他们认为现在的流程很好，为什么还要搞《岗位作业指导书》？高旺一个一个地去找他们谈，请他们把自己的智慧和大家共享，一次次的苦口婆心，慢慢地说动了老员工。搞定了老员工，还得动员新员工，高旺为他们每人布置一项"新任务"——一份手稿。

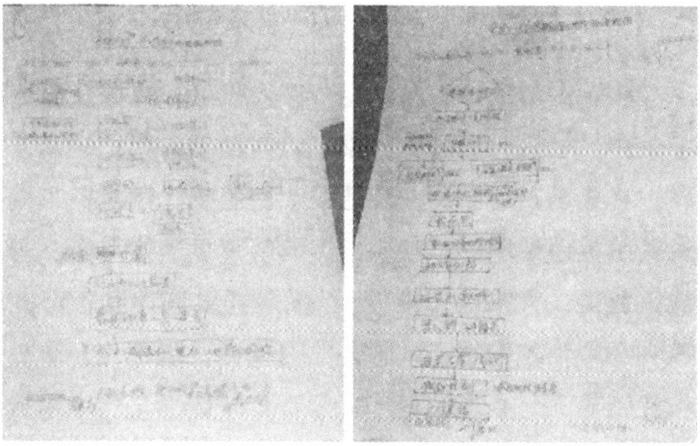

一次次的手工绘制，一次次的失败，他们没有放弃，绘制、实践、反馈、修改成为他们创建时间里的全部。选煤厂为便于相关人员搜集并学习运用相关的国家标准、行业标准等，注册了3个国标网址、4个VIP图书馆，使作业指导书编制过程有理可依，有据可循。同时，大家充分发挥集体智慧，将收集上来的纸质手工绘制版编制成了不同格式的作业指导书样版。

功夫不负有心人，第一项《洗选车间更换重介浅槽链条岗位作业指导书》的完成，让雷晓树、高旺、赵睿、杨静他们非常开心，因为他们知道有了《岗位作业指导书》，再也不会因为人员的流动而导致技术、经验流失。每一项工作即使换了不同的人来操作，也不会在效率与品质上出现太大的差异。

《岗位作业指导书》使员工在作业中能够参照标准化流程进行作业，实现"标准化"管理，避免了过去口头布置、盲目蛮干、习惯性违章等作业陋习，有效地规范了检修作业，提高了检修质量，缩短了检修时间，真正做到了“来源于基层，运用于基层”。从《岗位作业指导书》实施至今，选煤厂再没有发生过因操作错误、作业过程不合理等原因导致的设备、人员损伤事故。

准能公司组织各单位到选煤厂进行对标学习，推广应用。

【旁白】《岗位作业指导书》是“5821”班组建设体系中不可或缺的部分，与“五型”班组管理目标和要求相一致。它不仅指导和规范了现场安全生产工作，降低了作业风险，还提高了企业的安全管理水平以及从业人员的素质，提升了企业信誉，增强了其市场竞争力。同时，在保证生产效益和安全水平的基础上，对企业中各行业标准化、规模化及产业化程度起到了巨大的推动作用。

（四）体验中上下统一认知：管理必须标准化

准能集团领导深入班组、深入职工，掌握班组建设工作的难点，了解职工工作、生活、学习的困难，以问题为导向，采用政策、制度、措施化解矛盾，尊重职工的意愿，疏通职工的思想，满足职工的需求，把企业是职工的家的感觉还给职工，使企业经营管理低摩擦运行，形成了准能集团上下“你能，我能，大家能，准能！”的利益共同体和目标共同体。从不安全行为管控到危险预控管理，从盲目作业到岗位标准作业流程，从粗放式管理到岗位作业指导书，准能公司实现了百万吨煤的工亡率是零的好成绩，这样的成绩在世界上也是行业领先的。煤炭全行业加强班组建设，通过安全管理标准化实施，改写了中国煤炭行业事故多发的历史。

神华集团原副总经理李东说：“近些年，我们以推进班组安全风险预控管理体系建设为突破口，以抓基层、打基础、苦练基本功为重点，有效提升了企业安全管理水平。在神华集团内部，准能公司的班组建设工作具有明显特点，主要体现在三个方面。第一，准能公司把班组建设上升到战略的高度，从战略角度深刻认识班组建设的重要意义。第二，准能公司班组建设管理模式设计科学，由公司党委牵头，党建工作部、安监局、工会、人力资源部分工明确、协同配合，日常办公室设在企业管理部。第三，准能公司从工资总额中拿出资金作为班组建设专项基金，专门用于发放班组长津贴和奖励，充分体现了公司对班组工作的重视。”

准能集团原董事长、党委书记张维世说："管理提升是公司各项工作的总抓手，是保证战略实施的手段，也是我们建设世界一流能源企业要实现的目标。公司实施管理提升再造工程，对企业文化、幸福员工工程、学习型组织、组织管控、人力资源、绩效考核、战略规划七大模块进行系统提升，解决公司在管理上的瓶颈，打造企业核心竞争能力，提升软实力，向世界一流企业迈进。"

近年来，煤炭行业竞争不断加剧，国家政策不断调整，准能公司意识到只有练好内功才能抢占先机，而班组标准化管理正是提升企业管理水平的重要手段。随着《岗位标准作业流程》和《岗位作业指导书》在准能公司的实施，公司管理层对标准化提出了更高的要求和标准，同时对标准化也有了更加全面的认识。

班组是完成各项工作的基础，基础不牢地动山摇，班组安则准能安。准能公司以"5821"班组建设体系为引领，加强组织领导，创新活动方式，落实活动部署，促进公司安全生产持续稳定。

同时，公司各级管理部门还采取了一系列措施，对每日班前会、每周安全教育、每月安全检查考核等日常安全工作进行规范化，要求各级管理人员定期参加班前会，加大监督、检查、指导力度，保证班前会效果；严格落实岗位标准作业流程，强化作业现场跟班管理、标准作业、过程管控，班组长、管理人员盯紧重要岗位、把握关键环节，严厉查处有章不循、有禁不止等"三违"行为；进一步完善员工不安全行为矫正机制，提高员工自保、互保、联保意识，做到"三不伤害"；实现班组管理考评常态化，持续开展岗位标准作业流程与风险预控管理体系相融合工作，定期组织督查考核，及时通报促进整改。每年开展班组安全生产标准化建设及"先进班

组”和“先进班组长”评比表彰活动，发挥以点带面作用，推动班组管理向标准化不断迈进。

【旁白】睿智且懂企业管理、懂班组安全管理的领导者，一定会从源头上抓好标准化管理。毫无疑问，准能公司在班组管理方面，就作出了这样的选择。虽说“标准”只是企业班组管理中的一部分，但其蕴藏的无穷内力却不容忽视。准能公司经过多年的工作实践，构建了具有准能特色的“5821”班组建设体系，在这个体系的指引下，制定标准，加强考核，开展岗位标准作业流程，深入推行“五型”班组建设，逐步呈现出工作载体多样化、安全生产标准化、动态达标制度化、班组管理民主化的良好局面。

第四章

践行：班组管理行于标准

——创建“五型”班组

明朝的内阁首辅张居正曾说：“天下之事，不难于立法，而难于法之必行；不难于听言，而难于言之必效。”

实践证明，“5821”是班组建设体系，也是准能集团在新时代、新长征途中班组建设的新航标。但如何践行，如何在实践中助力企业生产经营的发展，助力班组建设和管理的提升，助力职工良好操作习惯的养成？

一 创建“五型”班组应该标准化

2011年5月12日，准能集团正式下发《关于开展“五型”班组创建活动的通知》，文件阐述了“五型”班组是根据“五型”企业建设的要求提炼出来的，既是“五型”企业的升华和发展，又是班组建设与管理工作的一个长远目标。开展“五型”班组创建活动，是确保基层建设、提高班组战斗力和凝聚力的重要措施。在创建落实时要深刻领会“五型”班组的科学内涵，结合本单位工作实际，紧紧围绕本质安全型、文明生产型、学习创新型、经济核算型、和谐团结型这五个方面开展班组建设工作，促进企业更快更好发展，确保注重建设效果，决不走形式、走过场。

如何提高创建“五型”班组的质量？要为创“五型”班组订立标准，即设计路径和导航。在“5821”班组建设体系中，“五型”班组的创建，是对企业发展的重新认识和升华，是企业物质文明、精神文明和生态文明建设的综合体。“五型”班组的每一型虽各有侧重，但它们之间相互联系、互为支撑、密不可分，是相对完整的科学体系。

（一）创“本质安全型班组”的标准

本质安全型是前提，是对集团公司煤、电、路一体化各产业的基本要求，是集团健康生产经营的前提，是实现文明生产班组、学习创新班组、经济核算班组、和谐发展班组的保障，应当体现企业全方位、全过程、全员行为的自觉约束。

“5821”班组建设体系中本质安全型班组，就是牢固树立“零违章、零伤害”的理念，以实现全年安全生产任务为目标，结合中安协建班组安全屋的标准，坚持关口前移、重心下移，从企业班组、作业岗位入手，抓住班组长作用有效发挥和班组安全管理标准化建设两个关键环节，突出落实班组安全责任、严格岗位操作标准、强化班前班后管理、规范班组现场管理、加强安全文化建设五个重点，全员参与危险源管理、风险评估和隐患整改，提高应急反应能力和处置能力，全面提升现场安全管理水平，将班组建设成为事事有人管、人人有专责的安全型班组，达到追求“零违章”，实现“零伤害、零事故”的终极目标。

“3577”管理法：创“本质安全型班组”标准

哈尔乌素露天煤矿运输队运行一班现有职工 96 人，承担着全矿土岩的 1/4 剥离任务。在班组管理中凝练出创建“本质安全型”班组的“3577”班组管理法。

三必抓：一抓安全学习，二抓思想动态，三抓三违、习惯性违章。职工在工作中就应该积极探索、大胆创新，要有干一行、爱一行、钻一行的工作态度。认真学习安全规程、操作规程，坚持在学中干，干中学，把学到的知识运用到工作中；要让每位职工养成在做任何一件事都要想想会遇到什么问题，或是有可能造成什么样的后果，同时严抓“三违”确保安全生产。

五认真：班前认真听取、班中认真对待、设备认真检查、班末认真总结、经验教训认真汲取。建立和完善班前班后会制度，认真组织，切实解决生产中存在问题，决不做表面文章。班前、班后会安排在上、下岗前或两班交接的时候进行，参加会议人员必须提前 15 分钟到场，会议时间不超过 15 分钟。

七想七不干：一想安全制度，不遵守不干；二想安全隐患，不清楚不干；三想安全措施，不完善不干；四想安全环境，不合格不干；五想安全技能，不具备不干；六想安全用品，不配齐不干；七想安全风险，不落实不干。

任何先进的企业，不仅在于设备和生产工艺的先进，还在于人的思想意识的先进，运行一班正是有一批能够同心同德、同甘共苦的员工，兢兢业业搞好本职工作，切切实实将班组建设做到实处，保证了班组的安全生产。

“六步”法：创“本质安全型班组”的流程

选煤厂洗选一车间二工区现有职工 27 人，主要负责车间洗选煤、成品末煤输送上仓及尾矿矸石处理的巡视及点检工作。“六步”工作法的实施，保证了班组安全管控能力，调动了职工的主观能动性，在本质安全型班组的创建过程中发挥了重要作用。

第一步：文化引领。以人为本，从实际入手，确立班组成员认同的班训、安全誓词、愿景，建立班组安全文化墙，征集安全寄语、安全顺口溜，班班宣讲，潜移默化，让员工入脑入心；每天班前会的“安全 5 分钟”，让员工了解安全生产形势，熟悉安全生产的方针、政策，熟练掌握安全操作规程及安全措施。在实际工作中总结出 3 条职工认同的行为规范短语、安全警示语，挂在职工工作场所，对职工进行思想引导，促进其行为习惯。

第二步：制度规范。执行“六讲、三训、三查、三把关”标准化班前会制度，对应任务划分小组，落实安全责任人。对危险源、预防措施、作业程序等六个方面的安全注意事项进行讲解；班前会前要进行班训和安全辞训，对制度进行培训；班前会后要“三查”，检查职工精神状态、劳保用品穿戴、是否有上岗证；同时把好员工的学习关、安全关、培训关。

第三步：班长示范。在危险源辨识方面，班组长必须熟练识别本班组的危险源，并能采取有效的防范措施，对员工危险源辨识进行严格要求。在隐患排查中要走在班组的最前列，遇有重大险情时，班组长要沉着冷静，组织所有员工有序撤离现场，并及时进行汇报。在安全制度落实方面，班组长必须对车间和班组的各项安全规章制度熟记在心，经常组织员工进行学习培训和定期考试，积极和班组员工进行交流并鼓励员工在安全制度完善方面提出一些建设性意见。

第四步：家园引领。班组开创“家园”文化建设，来凝聚班组员工力量。建立安全文化墙、家园文化墙，开展“家”文化活动。亲情寄语，一封家书、亲情帮教活动，开展班组民主管理，通过“5S”管理改善现场工作环境，让大家有家的感觉。

第五步：风险预控。从人机环管四个方面开展风险预控管理，人员做到三种能力养成：风险预知、风险控制、风险回避；设备的三个性能达成：可靠性、稳定性、本质安全；环境实现三化目标达成：标准化、人性化、可视化；管理做到三大要求实现：措施落地、责任到位、考核精细。

第六步：载体推动。班组在年初确定安全型班组建设目标，以各项安全活动为载体推动班组安全建设。定期开展事故案例学习教育活动、消防演练活动、每班安全培训5分钟活动、安全知识竞赛活动、职工家属进班组活动。

“六步”工作法的实施，确保了员工安全意识和生产现场安全可控性的提高。班组员工形成了“时时讲安全、处处有安全”的思想观念，员工安全意识的提高使得人、机、环境、管理更加和谐，班组安全生产实现连续17年“零事故、零伤害”。

“一卡两双四到位”：创“本质安全型班组”的内容

供电公司高压外线班现有职工16人，负责准能集团110kV、35kV、

10kV、6kV 各电压等级的供电线路及设备的检修、维修、巡视、抢修、安装、改造等工作。班组建立了“一卡两双四到位”安全管理法。

一卡：制作“线路设备双重名称停电识别标示卡”。在每次作业之前，发给作业人员相对应的卡片，用以相互提醒监督，起到联防互保的事故预防作用。

双一：一是班组职工积极参加“一人一日一事”活动；二是班长、技术员每日做一次不安全行为总结。在安排生产任务的同时进行危险源辨识、安全工作及注意事项的提示部署，利用早会组织开展“一人一日一事”活动，要求全班人员利用 1 ～ 2 分钟时间，说一句日常生活及工作中的提示语，进行一次危险源辨识。

双勤：一是班长对职工做到勤沟通；二是对上级领导做到勤汇报。勤沟通能及时掌握职工的想法、思想动态、身体及家庭的情况，及时调整职工心态；勤汇报，是做到各项工作上下沟通，及时向上级汇报工作的进展、完成任务的结果、工作中发生的问题、有哪些工作需要领导协调解决，使领导及时掌握各工作环节的信息，便于领导全方位了解，整体指挥。

四到位：在班组日常工作中，严格执行“青工技能培训到位、线路设备巡查到位、抢修事故及时到位、安全工作监管到位”的四到位模式。

供电公司高压外线班这些有力的措施提升了班组的安全工作水平，有力地保障了公司生产指挥、生活等环节的用电。

“426 安全防控法”：创“本质安全型班组”的管理措施

设备维修中心汽修车间机械二班建立了一套行之有效的班组安全防控措施，简称“426 安全防控法”。

四项创新：创新管理机制、创新培训载体、创新成本管控、创新民主管理。安全员、群监网员、青安岗员将责任落实到自身，并与班组签订安全责任状，共同参与班组安全管理；班组做到每周开展一次安全培训工作，按照“人人都是讲师”的理念，让每个成员都在班组进行培训授课；将成本管理责任到个人，建立班组工器具台账，划分责任人，每次工作完成后都要进行清点记录；对设备本着“该修必修、修必修好”和“能修不换”的原则，控制设备的维修成本；同时，所有与班组职工相关的事务都由全体班组人员共同讨论决定，做到公平、公正、公开，将每月 5 号、10 号、25 号设为“班组长谈心日”，做好职工思想教育，使职工时刻保持积极健康的心态。

两项活动：每日一题活动和当一天安监员活动。每天利用班前会时间组织班组成员学习一条本岗位安全知识，采取班长提问、职工互问的方式复习以前学过的内容，变“灌输式”“训导式”为“引导式”“启发式”，提高自主培训质量和效果，把班前会建成安全宣教的主阵地；班组在日常检修过程中，每名成员必须轮值参与“当一天安监员”活动，转换职工角色，使职工深感“在其位谋其政”，全方位渗透安全理念，保证班组安全生产。

六项工作：工作安排细、设备点检细、危险源辨识细、隐患排查细、检修操作细、工作总结细。在班前会中将当天工作中的安全注意事项告知每位职工，对班组所管辖的设备每天进行动态的、细致入微的点检，在工作前召开现场交底会对危险源进行动态辨识，提出并采取相应的安全防范措施，每周对休息室、场地责任区、指挥车进行一次隐患排查，对排查出的安全隐患提出相应整改措施并立即整改，设专人记录，跟踪落实，班组处理不了的问题及时上报车间。在设备检做到精心、精细，不出任何纰漏，把设备检修，岗位练兵作为第一课堂，对工作中的故障处理、分析和处置等，总结并记录。

“426 安全管控法”的实施，使机械二班的安全工作由被动变主动，态度由消极变积极，思想由麻木变敏锐，管理由滞后变超前，思维由保守变创新。杜绝了安全事故，降低了人的不安全行为，不断刷新安全生产无事故纪录。

（二）创“文明生产型班组”的标准

创“文明生产型班组”是“五型”班组的基础，也是集团公司转变发展方式、实现产业结构升级、提高发展质量的根本途径，体现了科学发展与速度和结构质量效益相统一的精神。文明生产型为其他“四型”建设提供了基础保障，也是其他“四型”建设的重要支持。

“5821”班组建设体系中对“文明生产型班组”的定义，就是牢固树立“文明生产”理念，以加强职工文明管理、设备文明管理、物品定置管理和环境文明管理为目标，通过积极开展文明生产宣传教育，规范员工言行举止，加强设备维护和保养，改善现场作业环境，推进岗位标准作业流程的梳理和应用；做到员工仪表端庄、行为文明，设备整洁卫生、标识齐全，物品摆放有序、整齐划一，尽力为员工生产创造良好的内部、外部条件；将班组建设成为员工素质高、环境文明标准高、组织生产效率高的文明生产型班组。

“1233”管理法：创“文明生产型班组”的内涵

大准铁路公司工务段燕庄线桥工区现有员工 48 名。燕庄线桥工区在日常管理中坚持从工作实际需要出发，建立了“1233”管理法。

一种观念：同心协力共创文明生产型标兵班组；把创建文明生产型班组活动，贯穿于日常工作和生产中，工作不等不靠、不推不拖，从一点一滴做起，使班组建设工作成为安全生产的有效保障和动力。

两个责任：抓好环境文明和生产文明包保责任落实。要求员工定期对所包保的室内外卫生进行彻底清扫，对责任区的办公、生活用品按照定置图进行定置管理，规范物品摆放。教育引导员工从礼貌用语、文明行为、着装整洁做起，逐步改掉陋习，规范言行举止，树立良好文明形象，同时对日常作业过程中保养不到位等人为原因造成设备损坏的给予处罚。

三项检查：班前检查注重“员工状态”、班中互查注重“两纪一化”、班后核查注重“查漏补缺”。

三个抓手：抓好班组民主管理、制度建设、奖惩考核。对绩效工资表、考勤表、班组奖励处罚及材料消耗、伙食团费用明细进行张榜公布；工区结合实际征求职工意见，修订完善各类制度；按照制度严格考核奖罚是激励和约束员工的有效机制。

燕庄线桥工区“1233”班组管理法，丰富了文明生产型班组的内涵，对班组文明生产管理起到了强有力的支撑和保障作用，有力地推动了工区各项工作的有序开展，为创建文明生产型班组奠定了坚实的基础。

四精：创“文明生产型班组”的核心

设备维修中心轮胎维修车间维修二班现有职工 11 人，主要承担黑岱沟露天煤矿大型矿用卡车轮胎日常维护、拆装及分解组装工作。

文明行为精细化：班组要求职工着装做到“三保证”：保证无破损，保证无开扣，保

证无油污；行走、坐立做到"三个不"：不勾肩搭背、不嬉戏打闹、不歪姿斜睡；物品做到"两不入"：工具不入休息室，杂物不入检修区。班组职工通过互相鼓励，做到规范用语。

文明检修精致化：班组对检修工作中使用的辅助设备、工器具、仪表仪器等制定了严格管理办法，使用前必须认真检查辅助设备、工器具、仪表仪器，确保外表干净整洁、整体结构完好、性能安全可靠。使用中确保使用正确，操作得当，读数精准。使用后分类停放（存放），放置到位，及时清洁，保证复位，建立台账，专人监管。

工作区域精美化：班组要求检修现场要严格做到，检修前"五个无"、检修中"三个齐"、检修后"两个净"。即检修前，确保场地满足检修要求，做到无杂物、无油渍、无明火、无水滩、无冰面。检修过程中，做到工器具摆放整齐、材料物品摆放整齐、零配件摆放整齐。检修后，做到检修场地净、物品清理净。室内物品严格按照"5S"管理标准摆放，墙面、地面干净、整洁，窗台、桌面、柜顶无灰尘，柜内物品有清单，室内线路巧布置，真正做到"物有其所，物有其用"，努力搭建整洁有序、焕然一新的休息环境。

流程管控精益化：班组在保持和提高文明生产质量要求上，从文明生产、安全保障、劳动强度、作业难度、工作时间、检修人数、检修质量方面确定考核指标及分值，通过单人单项指标完成情况，确定当日得分，实现月底汇总，奖金兑现。个人管理则采用积分制，有效保证了班组队伍管理，保证了文明生产质量。

好的环境带来好的心情，好的心情铸就文明生产。轮胎维修二班开展文明生产型班组建设，使职工整体素质大大提高，生产环境明显得到改善，安全保障得到增强，检修质量和效率明显提升，逐渐形成工作质量高、检修效率高的文明生产型班组。

把好"三关"：创"文明生产型班组"的要素

驻呼办事处餐饮部共有15位员工，主要负责驻呼办事处餐饮接待任务，建立了"3×3"班组管理模式。

卫生关：一是个人卫生，要求员工衣着整齐干净，最长两天一洗，勤洗手、勤剪指甲、勤理发，每天班前检查仪容得体，合格上岗；二是环境卫生，每周组织卫生大扫除，清洗油烟灶具、顶棚、地面和玻璃，每日对各自卫生区域进行清扫、清洗、清洁，确保无死角；三是餐具卫生，按照食品管理标准作业流程操作，一冲二洗三淘四消毒，做到餐具干、洁、光、亮方可使用。

质量关：一是严格原材料准入，除了供货商以外，组织职工夏种秋储，夏季90%的蔬菜都是自己院子里种的，没用任何化肥农药，秋季上山挖苦菜、摘沙棘，去农村收玉米，确保了材料纯天然无污染。二是抓好食品安全质量，对初加工的食品实施目视化管理，生熟红白分类存放，贴有标识标签，注明生产日期和保质期，确保所有食品在保质期内使用。三是菜品创新方面，满足客人的需求，坚持每月推出2～3道新菜，侧重于养生。

服务关：一是餐前准备，每天召开班前例会，对前一天工作完成情况及发生问题进行总结和及时整改，并安排当天的工作内容，检查个人仪容仪表和环境设施确保安全无隐患；二是餐中服务包括引领顾客、传菜、上菜、斟酒、清台等操作，结合办事处实际制定相应的作业流程；三是餐后收尾，提醒客人带好随身物品，目送客人，进行餐后整理、清洗和归位，关好水电气，并检查确保安全。

驻呼办事处通过把好“三关”，有效把控了服务宾客的原则、服务宾客的程序、服务工作的细则，成为准能集团对外展示的窗口。

（三）创“学习创新型班组”的标准

“学习创新型”是动力，是企业作为创新主体，增强自主创新能力和成果转化运用能力的根本途径，是其他“四型”建设的助推器，体现了依靠人才、科技进步、建设创新型企业的要求。

“5821”班组建设体系对创建“学习创新型班组”的要求是，员工“终身学习”做知识型员工，并学以致用、知行合一。班组以打造高素质、高技能、竞争力强的员工队伍为目标，创建学习型组织，激发员工学习热情，开发员工工作潜能，使“学习工作化，工作学习化”。在提高自身经营管理水平和岗位技能、促进企业发展的过程中，实现自身价值。

“495”管理法：创“学习型区队”的主要内容

哈尔乌素露天煤矿采掘队建于2008年1月26日，下设四个运行班组，负责露天矿土岩剥离及原煤的采装任务。班组成员95%以上是大专学历，是一支高文化、高素质队伍，这也是采掘队健康、可持续发展的人才保障。他们总结的“495”管理法，涵盖了准能“创建学习型区队”的主要内容。

“4”项基本原则：必须坚持“以人为本”“强将强兵”“创新发展”“文化引领”。

“9”项保障措施：一是走出去、请进来，全面提高班组长管理能力；二是落实本质安全管理，让员工把幸福带回家；三是建设员工幸福墙，让家庭温暖常伴身边；四是培训到位，提高员工综合素质；五是构建选拔平台，建立储备人才库；六是重视科技创新，用科学技术提高管理水平；七是实施PDCA闭环管理；八是实施模拟军事化管理，提升员工精神面貌；九是实施作业流程标准化管理，提高员工的操作规范性。

“5”大战略目标：一是初步建成具有世界一流露天煤矿水准的采掘队伍；二是实现全年生产“零违章”；三是用五年时间建成科学合理的人才培养平台；四是科技创新对生产的推动作用有明显提高；五是三年内培育一个标杆班组，并在生产、经营过程中进行严格的检验、提炼，归纳总结出一套完整有效的管理体系。

在现代班组建设的进化中，采掘队以文化管理为基础，把哈尔乌素露天煤矿采掘队建设成为员工的精神家园。

“3223”目标管理法：创“学习型队伍”的步骤

哈尔乌素露天煤矿工务队下属五个班组，现有职工202人，主要负责露天煤矿生产过程中的排弃、运输道路的修筑和维护，以及生产过程中各个环节的辅助工程工作，被誉为“矿山美容师”。他们在长期实践中，提炼了“3223”目标管理工作法。

做到“三个明确”：一是目标明确。每一个班组必须制定年度目标、月度目标、每周目标；确保目标细分，如生产目标、效益目标、组员收入目标等。二是责任明确。班组组员必须明确每一个岗位的责任，有多少个岗位就要制定多少个岗位责任。三是标准明确。班组必须围绕岗位责任确定考核标准、现场管理标准、质量标准等，做到责任量化、具体化。

实现“两个规范”：一是规范管理制度。每一个班组必须针对自身实际，就劳动纪律、材料管理、分配制度、先进评比等作出明文规定，形成共同的管理理念，统一思想。二是规范考评激励。根据班组目标、岗位责任、个人技能水平、个人承担的工作量和工作实际效果，明确考核标准。

贯穿“两学、两提高”：一是学规章，提高文明程度。班组组织员工全面学习班组、队、矿制定的各种安全规程、作业规程、管理制度。二是学技能，提高技能水平。制订班组学习计划和岗位练兵计划，促进组员技术水平整体提高，并有奖惩激励措施。

细化“三个环节”：一是每班小结。班组的质量、任务完成必须有结果，找出当班工作与周目标的差距。二是每周分析。班组长要在安全活动会上对一周的工作进行总结，找出差距，增添措施。三是每月总结。班组长全面分析当月的管理、任务、安全、工程质量等与年目标的差距，即时发现问题，整改落实。

“三搭建四创新五个一”：创“学习型班组”的要素

黑岱沟露天煤矿工务队运行二班现有职工 36 人，主要负责露天矿排土场排弃、道路修护、洒水降尘、助铲等项目，他们构建的“三搭建四创新五个一”，成为创建“学习型班组”必备。

搭建三个平台：一是搭建愿景平台，为班组成员建立个人愿景并对其职业生涯进行规划；二是搭建竞聘上岗平台，班组长实行竞聘上岗机制；三是搭建知识成果转化平台，实现“知识→能力→成果→效益”的转化。

四项创新：一是创新学习培训模式。开展“职工大讲堂”活动，采用“轮流当老师、轮换做学生”的方式，职工结合自己岗位知识、技能及经验，精心制作课件，登台授课。二是创新班务公开制度。成立班委会，制定内部的管理办法、奖金分配等规章制度。三是创新同工种岗位交换机制。定期安排职工在不同工作区作业，全面培养“多功能”型员工。四是创新班前会传达方式，应用信息化系统开好班前会。

“五个一”学习：一是读一本好书。建立阅览室，使班组职工拥有自己的学习阵地。二是拜一名师傅。在青年职工中开展“拜师”活动。三是每日一题。班前会上班组长随机抽考一名职工一道题。四是开展“一个家”活动。营造一家亲，心连心的“家文化”氛围。五是受一次心灵洗礼。班组内开展感恩文化培训，职工写体会、谈感想，心灵深处受到了洗礼，树立“开心工作，健康生活”的良好心态。

七个一：创“学习型班组”的小方法

哈尔乌素露天煤矿工务队运行四班现有职工 31 人，班组提出“以本安提升管理，以创新引领发展，争创一流班组”的愿景目标，提出“七个一”学习教育管理模式。

“一人一档”：按照一人一档建立职工培训档案，一对一为职工量身定制详细的个人学习培训计划、职业生涯指导书等，给职工搭建更为广阔的成长平台。

“一人一条”：在培训学习中，既有“小纸条”也有短视频。“小纸条”，就是开展“每日一题”培训，将学习题打印成“小纸条”发放到每名职工手中，而短视频则围绕岗位拍摄操作视频，以更加直观的方式让职工学习安全操作规程。

“一人一卡”：给每名职工配发一套危险源辨识卡包，将作业中存在的危险源全部制作成小卡片装入卡包中，便于职工携带学习，认识到行车事故危害的严重性，以此保证职工的安全生产意识。

“一月一练”：每月以排土场地为职工培训基地，定时开展岗位练兵活动，并与绩效考核及参与上级技术比武资格挂钩。

“一月一讲”：每月第二周根据倒班安排选取一天定为班组学习日，由班长带头学习，每月每人一讲，主讲人提前将讲课内容做成幻灯片或其他形式在学习会上进行讲座。

“一月一考”：通过班前会提问或班中抽考，结合每月一考的方式，考核员工对规章制度的掌握情况，对考核未通过的职工进行继续培训，确保整体的培训质量。

“一组一创”：根据日常故障处理时存在的难题，有针对性地制作一些故障处理工具或方式方法，成立了技术创新小组。

运行四班在争创一流班组的浪潮中，勇立潮头，将创新做帆，以学习为桨，不断在湍急的发展长河中激流勇进，为打造一个生机勃勃的学习创新型班组而努力奋斗。

（四）创“经济核算型班组”的标准

经济核算型是方向，是集团公司坚持生产与节约并重，充分节约和利用资源，保护环境，打造绿色准能的重要举措，是企业可持续发展的必然选择，贯穿于“五型”班组建设的全过程。

“5821”班组建设体系对经济核算型班组的定义为：牢固树立“节约就是效益”的理念，将加强成本核算、降低生产能耗、提高工作质量作为目标，通过发扬勤俭节约传统，强化全员节约意识，创新节约手段，积极开展双增双节、合理化建议、劳动竞赛等活动；充分利用小发明、小创造、小革新，提高设备、设施的利用率；努力盘活班组资产，坚持修旧利旧，做好资源的综合利用，以各种定额为标准，落实指标责任，加强班组考核，有针对性地进行成本分析，采取管控措施；将班组建设成为人人讲节约、事事要节约、处处有节约的经济核算型班组。

经营理念：创“经济核算型班组”必备

打造煤炭开采、循环经济、铁路运输一体化的神华准格尔区域经济新模式，各业务板块相互协调、联动运营，整合资源，优化配置，发挥优势，降低运营成本，提高管理效能，增加经济效益，最终实现“协同一体，降本增效”。

六到位：创“经济核算型班组”标准

哈尔乌素设备维修中心工程机械车间钳工二班现有职工 10 人。班组主要负责 7 类共 12 台工程设备的日常点检、保养及维修工作。班组通过“六项”工作到位，达到降本增效目的。

基础工作做到位：一是点检实现“点对点”。按照点检单明细逐项点检，做到谁点检、谁签字、谁负责。二是保养要求“精又精”。按照设备运行时间进行级别性保养，对照保养单项目逐条逐项完成保养。三是检修做到“细中细”。检修时彻底排除关联故障，避免发生反复检修现象，杜绝材料、配件额外消耗。记录留存“实打实”。根据承修设备检修情况，做好检修记录，形成工作日志。

预算、核算、分析到位：一是成本预算“全”。按照设备点检保养、计划检修、零小故障、常消耗件、突发故障消耗五个方面制定设备全年预算，并按月进行核算。二是成本分解“细”。按照每台设备的运行时间、故障率有重点地分配到每台设备进行分析汇总。三是成本核算“准”。做好单机配件领用明细、细小材料领用明细、总成件领用明细、自修配件领用明细，分项目进行归集、汇总。四是配件领用“严”。领用配件必须填写配件领用申请表，领用配件要本着优先消耗库存物资的原则。五是成本分析“透”。班组重点分析非正常消耗产生的原因，并进行管控。

计划检修到位：一是计划精准到位。按照设备点检保养、零小故障、常消耗件、突发故障消耗四个方面开展检修工作。二是库存查询到位。提前做好配件库存查询工作。三是过程控制到位。及时将检修工艺流程下发到包机负责人，严控检修过程。四是质量跟踪到位。对上报的计划检修项目进行审核、跟踪。五是效果展示到位。做到检修可控，成本可控。

技术创新到位：技术创新节约成本500元以下的项目由班组直接奖励。节约成本500元以上5000元以下的项目上报车间，由车间进行奖励。节约成本5000元以上的由车间上报中心，按照中心技术创新管理办法进行奖励。

修旧利废到位：一是流程审批规范。工量化指标、明确责任，把废旧配件拆检、分类、回收、筛选后，经过加工、修复、检测后再利用。二是验收展示透明。班组技术组按照周检查、月总结的方式进行跟踪验收。

数据库建设到位：一是数据统计规范化。按照设备类别划分模块，从零星故障、保养级别、计划检修、突发故障四方面系统管理。二是数据管理专人化。及时将库存中紧缺配件情况上报车间，提前预订。三是数据录入全员化。每周由包机人将配件消耗情况录入数据库，实现数据录入真实有效。四是数据查询准确化。数据库中录入的数据索引清晰，真实有效。

钳工二班“六到位”班组管理法的开展，有效降低了生产成本，提高了全员成本的管控意识。

五精四美：创“经济核算型班组”的要点

哈尔乌素露天煤矿采掘队运行三班现有职工 41 人，主要承担着露天矿土岩剥离和原煤采装任务。他们在创建“经济核算型班组”中，提炼总结出创建“五精四美”班组管理法。

五精：以**精确**的安全生产为基础，通过对现场危险源的辨识与管控，使全员安全技能培训得到保证，开展各类形式多样的班组安全学习教育，针对生产现场存在的危险源进行辨识，达到对全员、全方位、全过程的安全意识提升；推行**精细**化管理，降低材料消耗，节支降耗，在日常工作中，使班组基础管理制度精细化，做到职责有标准，事事有顺序、过程有痕迹、绩效有考核的良好势态，逐步将班组建设推向科学化、规范化、制度化；以**精准**的设备管理为手段，精准从日常的设备点检、维护、保养为着手点，监督检修维护质量，进行规范化、制度化、信息化设备管理，及时对设备操作人员进行机电、安全培训；以**精美**的工程质量为核心，严格按照采矿工艺进行采掘，严格把好工程质量关，认真做好帮齐底平工作；以**精益**的组织生产为主导，认真部署、周密组织，以班前会为依托，认真传达工程安排及要求，现场进行巡查管理，严密与其他各队配合，减少生产成本的浪费，力求实现向生产精益化要效益。

“四美”：安全生产要做到**两全其美**，正确处理安全生产与经济效益的关系，给职工讲安全生产课，要定期或不定期检查安全生产工作措施的落实情况，保证班组在生产现场管理好设施设备、多开展安全技术改造、进行安全技术培训；成本管控要做到**十全十美**，组织节支降耗，开源节流，将成本管控落实到机组和个人，与奖金挂钩；班组管理要做到**尽善尽美**，在班组管理中要以绩效考核目标为导向做到奖罚有度、奖罚分明，绩效好的员工能得到应有的奖励表扬，绩效差的员工受到处罚批评；员工素质要做到**休声誉美**，重视员工的工余时间管理，职工下班后要保证睡眠质量；生活中要多和父母、妻子、子女沟通交流，形成和谐的家庭氛围；把工作之外的时间安排妥当，从而保证工作中的良好状态。

面对严峻的煤炭市场环境，运行三班紧抓“成本线”即“生存线”，创新管理和技术，从基础工作入手，抓薄弱环节，有计划地开展班组成员之间的经验交流和学习，进一步提高班组的综合竞争力和综合管理水平，做到真正意义上的“节约型班组”。抓住每个环节、管控好每个细节，从思想上扎扎实实将成本意识落实到每一名员工。

四个一、六个三、两及时：创“经济核算型班组”的要求

该要求源于炸药厂爆破队爆破一班，该班现有职工 23 人，主要负责岩石台阶松动爆破、抛掷爆破及煤台阶松动爆破任务，为露天矿煤岩剥离服务。

“四个一”：一岗、一员、一示范、一帮促。“一岗”就是在班组中设立降本增效监督岗；“一员”就是在班组中设降本增效宣传员；“一示范”就是要充分发挥岗位技术能手的示范作用；“一帮促”就是开展“师带徒”活动。

“六个三”：“三勤”是勤动脑、勤汇报、勤沟通；“三细”是心细、安排工作细、工程质量细；“三到位”是布置工作到位、检查工作到位、隐患处理到位；“三不少”是班前检查不能少、班中排查不能少、班后复查不能少；“三必谈”是情绪不正常的人必谈、对受到批评的人必谈、每月必召开一次谈心会；“三提高”是提高安全意识、提高岗位技能、团队凝聚力和提高战斗力。

“两及时”：一是“及时认定”。职工在降本增效活动中取得的成绩成效，要给以及时认定。二是“及时激励”。对作出成绩的员工，要依据班组经济考核管理标准及时奖励并加大宣传。

爆破一班“经济核算型班组”创建效果明显，探索建设了一套行之有效的经济核算型班组的新途径、新方法。

（五）创“和谐团结型班组”的标准

和谐发展型是目标，体现了企业发展是第一要义的战略思想和全面协调、可持续发展的要求。既建立在其他“四型”取得成果的基础之上，也反作用于其他“四型”，为其他“四型”建设提供良好的环境和氛围。企业和谐从班组和谐开始。

“5821”班组建设体系对创建和谐团结型班组的定位，就是牢固树立“以人为本”理念，以实现班组员工团结协作、工作协调、互助互爱、共同进步为目标，通过积极改善员工的工作和生活条件，帮助员工解决实际困难。要通过创建“和谐团结型班组”，让职工充分体验到“准能是我家，员工是亲人”的人文理念，并成为班组和谐团结的标志性特征。

和谐团结班组创建中要深入推行民主管理，保障员工的知情权、参与权和监督权，激发其主人翁意识，促进个人与企业和谐共进、共同发展；注重职工素质的提高和个人成长，如“师带徒”活动，师傅尽力传、帮、带，年轻人努力比、学、超，形成员工之间和谐共处的良好氛围；注重培育班组特色文化，结合工作特点提炼班组理念，形成鲜明的班组愿景、班组价值观、班组精神和班组作风；将班组建设成为员工爱岗敬业、团结互助、奋发向上的和谐团结型班组。

三搭建三促进：创“和谐团结型班组”的基本内容

这是拥有 25 名职工的黑岱沟露天煤矿穿爆队运行一班总结创造的，该班主要负责全矿的穿孔作业任务，“三搭建三促进”是他们班和谐团结的诀窍。

搭建三个平台：一是搭建和谐家庭创建平台。通过设置家属联络员、开展职工家属座谈会、职工家访活动等方式，及时了解职工家庭动态，解决职工家庭中存在的生活困难、感情不和睦等问题，促进了职工和谐家庭的建设。二是搭建家庭与班组共建平台。通过开展安全生产好矿嫂活动、举办职工家属联欢活动，以生活区为片区建立职工家属联络点、发起一封安全家书、征集家庭亲情寄语、新春送福等活动，让每一名职工家属参与到团结和谐班组的创建中。三是搭建民主管理建设平台。制定班委会管理制度、民主管理制度、班组长工作职责、“员工”守则、奖金分配办法、班组评先评优实施细则等管理措施。

促进三项工作：一是促进安全、生产、经营目标完成。对安全指标和生产任务进行层层分解，落实到每一台设备、每一名职工，做到任务明确，责任清晰。二是促进班组成员操作技能提升。严格执行每日一题理论培训和每半年一次的技术培训考试，落实“导师带徒”活动。三是促进班组整体作用发挥。

运行一班在工作中认真总结过去的经验，查找不足，不断推进“三搭建三促进”的班组管理方式，为露天矿、穿爆队的安全生产经营做出了巨大贡献。

“一三五五”管理法：创“和谐团结型班组”的要件

行政处招待所餐饮部现有员工 52 人，班组主要职责是为准能集团单身职工和两地分居职工提供就餐服务。他们在工作中创造的“一三五五”和谐团结型班组管理法，将服务做到了极致。

一个理念：快乐工作、心中有梦、齐心协力，再创佳绩。

三项基础：一是安全管理。做好设备、人员、安全管理，将食品安全管理作为餐厅安全管理的重中之重，把好验收、加工、烹饪、储存各个关口；二是索要供货商的“营业执照、健康证、检疫检验合格证”，确保食品安全问题可追溯到根源；三是菜品开发是基础，每月每位厨师要按规定开发自助餐、自选餐、桌餐菜品各一道，除了要保证菜品的色、香、味，还要保证大家喜欢及富有营养价值，并建立菜品库。

五个方法：一是以绩效考核为导向，激发员工的工作热情。在管理制度中，完善绩效考核制度，率先在班组开始实行了按劳分配、多劳多得的考核机制。二是以全员参与为手段，搭建民主管理沟通平台。定期召开班组全员大会，鼓励大家对餐厅存在的问题和改进的方法献计献策。三是以“家园式”管理为理念，营造和谐家庭氛围，开展组员间“一帮一”活动、“师带徒”活动。四是以“人尽其才”为目标，促进班组成员素质提升。员工兼职食品安全员、设备安全员、农药残留检测员，通信员、解说员、内页资料整理等工作。五是以寓教于乐为手段，丰富员工业余生活。班前会组织员工跳工间操，为员工订阅菜品、管理提升、食品卫生等方面的书籍。

五个平台，一是培训平台。实行“人人上讲台，人人是讲师”的方法，每周一培训，实行轮流上讲台，为员工搭建学习平台，达到了员工锻炼自我与展现自我的目的。二是班组长选拔任用平台。班组长选拔方面，采用毛遂自荐、轮流上岗，民主选举与内部考核相结合的方式选举产生。三是员工兼职平台。每位成员不仅要做好本职工作，还要让大家轮流兼职做食品安全员、设备安全员、农药残留检测员等工作。四是人才输送平台。让能力出众，群众认可的职工得到晋升。五是员工技能平台。加大技术比武开展并落实奖励，第一名胜出后要精心组织和策划下一次的考核。通过此方法不仅提高了服务质量，减少了工作中存在的疑问，而且为员工个人才能得以展现搭建了平台。

这就是行政处招待所餐饮部围绕创建“和谐团结型”班组的一些管理方法，他们时刻以“精细管理、精诚服务”的理念提醒和激励自己，齐心协力、鼓足干劲，用心去服务每一位职工。

“5433”：创“和谐团结型班组”标准

大准铁路公司车务段大红城车站班组成立于1994年7月20日，主要承担大准线客货列车的到发与通过和集装站的装车任务，建立了“5433”和谐团结型班组模式。

“五个到位”：一是思想认识到位。让职工认识到安全的重要性，通过监督考核，实现“要我安全”到“我要安全”的思想转变。二是制度措施到位。制定落实有关制度，在每天的工作中做到班前预想、班中预控、班后总结。三是技能培训到位。制订应急技能培训计划，坚持日常培训“三不变”，即每日考一题不变、每班演练一次不变、每月进行标准化考核不变。要求职工轮流讲课进行学习，不断拓展员工的知识面，使职工技能不断提升。四是监督检查到位。量化检查指标，站长每月到作业现场或通过视频监控，对每个工种进行检查。五是考核奖惩到位。按照车站的风险预控管理体系考核办法及员工绩效考核办法，每月对各班工作情况进行一次考核，考核成绩与工资挂钩，并在厂务公开栏进行公开，严格兑现奖罚。

“四个氛围”：一是营造浓厚的文化氛围。将班组目标愿景等向职工传达，组织学习。按照班组的工作思路将班组特色文化植根于车站，创建了该站的文化氛围。二是营造和谐的人际氛围。以和谐为基石，情感为纽带，传递正能量。及时解决职工困难、谈心沟通、化解矛盾。营造了该站温馨融洽的人际关系。三是营造良好的环境氛围。实行定置化管理，保持了窗明几净，物品规整有序，为员工创造了舒适的生产生活环境。四是营造公平的管理氛围。坚持民主管理，涉及员工切身利益的事情均要认真研究讨论，并在职工大会上通过，做到公平、公正、公开。

“三个预控”：一是强化员工安全思想的预控。认真做好思想工作，保证该站的安全工作有序进行。二是强化动静态危险源的预控。对作业中可能出现的不安全因素，进行严格卡控，确保该站的隐患达到提前预控。三是强化员工不安全行为的预控。制定出避免事故再次发生的具体措施，使该站职工安全意识逐步提高。

“三个重点”：一是抓好重点作业。按照“严三控、把三关”工作法，确保施工运输两不误。二是抓好重点环节。制定出各环节的卡控措施，保证在重点作业上各单位协同动作。三是抓好重点人员。及时掌握其思想动态，使职工在工作生活中的思想、行动始终处于可控状态。

大红城车站和谐团结型班组创建活动的开展，推进了安全风险预控管理体系建设，增加了作业环节的安全性，以提高综合素质为基础、以自觉性为主导。相对于传统的安全管理模式，车站班组日常管理中主要体现“以人为本”价值观，实现“素质保安全、素质促发展”的目的。

【旁白】欧洲第一位管理大师、法国著名的管理实践家亨利·法约尔曾说：“管理就是预测和计划、组织、指挥、协调以及控制。”准能集团为“五型”班组创标准，让创建有标准可依，让实施过程中的计划、组织、指挥、协调等阶段依标准而行，从而做好创建的过程控制、目标管理。

二 “标准”指引我们一路前行

国务院总理李克强在2017年的《政府工作报告》中提出，要大力弘扬工匠精神，厚植工匠文化，恪尽职业操守，崇尚精益求精，完善激励机制，培育众多“中国工匠”，打造更多享誉世界的“中国品牌”，推动中国经济发展进入质量时代。

如何才能培养出众多的中国工匠？如何把工匠文化融入班组文化，让班组成为打造中国工匠的熔炉？准能集团在创建“5821”班组建设系统时，就对此标准做了深思熟虑的设计，一场争当工匠、岗位成才的你追我赶的角逐，在班组有声有色地进行着。

（一）当标准人

将毕生岁月奉献给一门手艺、一项事业、一种信仰，勤勤恳恳、精益求精，有多少人可以做到呢？如果做到，需要一种什么精神、什么标准去支撑呢？准能人用行动作了漂亮的回答。

自觉自律的习惯

杨在忠是准能供电公司低压检修班组一名普通电工，每天上班兢兢业业，无怨无悔地付出着。

八年前，他从准能一电厂来到准能供电公司，从电厂热动专业转为低压电工检修，底子薄、基础弱，学起来很吃力。但他每天跟随在班长身后，不放过任何一项现场实践操作。工作之余，他把学习当成最大的乐趣，追着班长和师傅们询问各种专业问题，思考各种电气现象。他把废旧原材料做成模拟操作盘，拿回家学习，稍有空闲，就一个人坐在检修间反复拆装。特种作业人员考证期间，他一节课都不耽误，把书揣在兜里，走着看，坐着看，工作间隙看。老师出了一千道复习题，只要说出一道题的前两个字，他就能说出后面整道题的内容，同事们先是惊奇，后来就越来越服他。他本是一个玩转了十几年闸阀扳手的锅炉助手，换岗后居然成功地考上电工主检，并且能带着其他检修人员独立干活，五年期间没有发生一起安全事故。

日常巡视过程中，别人巡视一个变电厅，他巡视两个；别人检修两个单元的楼道灯，他检修三个；要下班了，别人把工作留在了明天，他做完才走。哪项工作该他干，哪项工作不归他做，他似乎没有这概念，只要碰上就做了。很多人丢下的，他也捡起来做。因此，别人给他起了个绰号叫“大傻”！

遇到特殊恶劣的天气，居民区发生失电事故，跑在最前面的一定是“大傻”，第一个走进现场、第一个拿起操作工具、最后一个离开现场的也一定是“大傻”。

由于设备老化以及外围施工等各方面原因，中心区电缆几乎每个月都有破坏断电现象，挖沟刨土半个月一次，有时候一个星期一次。电缆故障，导致居民生活用电受阻，必须以最快的速度在最短的时间内恢复。不管狂风暴雨都不能耽搁，抢修往往延迟到深夜，“大傻”却在一次次地抢修中产生了强烈的兴趣，如同被打了“鸡血”。他蹲在电缆沟里，想着如何改变这种现象、如何改进检修技能、怎么样才能避免施工人员的粗糙作业等。从 2018 年年初至今，中心区发生 40 多处故障点，他一次都没有错过。他一个人制作安装电缆头上百个，敷设电缆 200 多米。他判断电缆故障点能力的准确度达 90%。

杨在忠的事并不惊天动地，却让一个团队温暖了准能 8000 多用户的心，他所在的班组也积极参加协助社会组织准格尔义工协会给贫困家庭维修电路，帮助残疾人销售手工制品，捐助衣物给贵州山区孩子等公益活动，在准能公司传承着“奉献，友爱，互助，进步”的公益精神。

爱岗敬业的精神

设备维修中心哈尔乌素分部穿采车间电铲一班班长樊德才，四十出头的他风采不输年轻人。他总爱戴着一副宽大的眼镜，眼镜下有一双炯炯有神的眼睛；有几撇小胡子挂在嘴角，让人看了忍俊不禁，不高的个头、微微发胖的身材、一双宽厚敦实的肩膀，给人稳重踏实可靠的感觉。

当大家睡眼惺忪地来到班组时，他早已坐在班组，用一双笑眯眯的眼睛看着大家。大家总会感叹“樊总”怎么老是来得这么早？“樊总”是大家对老班长的爱称，因为平时车间谁有喜事，他总是最能张罗的那个人。

工作开始前，他习惯性地用手扶一下镜框，然后点名安排工作、落实安全措施，询问大家的工作所需，最后不忘嘱咐大家：“弟兄们一定要注意安全！”

“樊总”闲不住，当有任务时常常和组员一起到坑下作业。作业当中，他会告诉大家从哪入手便捷，应该注意哪些安全问题。这些细节操作都是他多年积累的经验。

露天矿所有的设备 24 小时不停歇地运转，发生故障必须及时排除，加班是家常便饭。对于加班，大家都有一些怨言，但“樊总”却这样说：“既然选择了这份职业，就一定要干好，为了达到公司今年的产煤目标，弟兄们吃点苦，真没什么。”他说到做到，不管是在炎炎夏日还是在冰冷的严冬，组员加班到几点，他就和大家一起忙碌到几点。

在“樊总”的带领下，爱岗敬业成为班组员工的工作习惯，干起活儿来个个不怕吃苦、经得起风吹雨打，一个坚强的团队就是这样锤炼出来的。

敢于担当的品德

敢于担当是员工成长中必不可少的要素之一，也成为衡量一个员工健康成长的标准之一。哈尔乌素露天煤矿的周永轩，就是因为拥有这一优秀品德而被大伙儿竖起大拇指。

周永轩负责矿上所有工程设备的监管工作，负责外委单位安全作业。在生产作业现场，习惯性违章往往被忽略不计，大家睁一只眼闭一只眼就过去了。可周永轩不行，发现一个，抓一个。

一次，施工队对大型加水站加水管改造，当吊车向上吊钢管时，一位工友站在脚手架的外架边上进行吊装作业施工，没有固定安全带上的安全扣。这看似不起眼的小问题，被周永轩发现了，立即要求停止吊装作业，并且使用对讲机要求上面的施工人员暂停施工到场地集合。施工队的负责人到现场后，他查看了这名工友的上岗证，对这名违章施工的工友进行了口头批评。连同现场的施工人员进行了现场安全文明施工规范教育，发出要施工单位进行书面限期整改通知，要求施工单位负责人做到现场安全文明施工监管和工友安全意识的培养，安排相应的高空作业现场安全培训会，要求现场作业全员参加。很多时候，因为他的“吹毛求疵”，拖延了工期。

个别工友不理解，说他多管闲事。周永轩对此并不回应，他认为安全问题再小都是大问题，人人可以管，他更要管到底。但绝大多数工友都支持他，拥护他，认为他是一个敢说敢做、有担当的人，管安全，就必须有这种品质。

持之以恒的信念

冯二占是大准线上的机车乘务员。2005 年来到大准铁路公司机务段，成为一名机车司机，十几年过去了，这个憨厚朴实的汉子凭着高度负责的敬业精神，练就了一身过硬的本领，出乘趟数年年领先，2013 年更是跑出了 97 趟全线出乘第一的好成绩。

从了解机车，研究机车复杂的电气线路，到机车性能迥异的各个部件，冯二占细细揣摩，用心积累。理论理解不透，就到机车上实地感受，他全部的心思都在钻研机车上。作为万吨列的机车乘务员，他深知一颗螺丝钉的松动，可能会造成机车故障、造成列车晚点，给企业造成很大的损失。他爱车如爱家，执拗地守护机车，发现机车异常情况及时处理，有效地消灭了机车

“跑、冒、滴、漏、虚、短、破”的惯性隐患故障，让机车和自己保持良好的状态。机车司机在路上要不停地呼唤应答、加强瞭望、确认信号、手比眼看。因此，待乘保休，即出乘前在待乘室里强迫自己休息，保证执乘中精力充沛，是运输期间行车安全以及列车运行平稳的重要安全措施。冯二战会合理安排时间，哪怕挤出来一分钟，也要给机车做保养，小活儿自检自修，大活儿及时提票检修，绝不让病车上线，防止了机故、临修的突发。

“在家过年全靠运气”。原本准备好了春节的相聚，可能因为出乘任务，要临时变更。“人休机不休”，遇到天窗点，要坐在冷冰冰的驾驶室里，饿了吃一桶泡面，困了裹着军大衣睡一会儿；曾经，停驻在孤寂的沿线小站遥望万家灯火的中秋夜。曾经，在机车的电炉上与工友分享除夕夜的饺子；曾经，多少回黑白颠倒的作息时间让他出勤半个月、一个月都难得见孩子一面。他无暇照顾年幼的孩子，无法分担妻子的重担，不能陪伴年迈的父母。得失之间，仍然义无反顾地坚守在自己的岗位，一路追随机务前辈走过的路，不断超越自我，追求卓越，满载乌金安全高效地驰骋在金色的大准线上。

“执行规章不走样”，是运输安全的根本保障。随着大准铁路从单线向复线运营模式的转变，铁路运量逐年增加，他多年如一日，把好出乘前的准备关、作业中的标准关、退勤后的检查关，使得几千次的出乘无一晚点，数十万公里的行车无一事故。

机车是冯二占的第二个家，他认为，既然选择了机车乘务员这一职业，就是选择了坚守，纵然牺牲了自己的舒适安逸，也不后悔。因为自己选择了一个有意义有价值的生命旅程，即便这段生命之旅是平凡的。

对学习的执着

柳立国，一名准能公司的普通职工，“剪报”让他闻名全公司。20 年来，他用一把剪刀，剪出了独有的幸福与快乐，剪出了丰富多彩的生活，剪出了包罗万象的社会，剪出了孜孜不倦的人生。

见到柳立国，是在他的办公室。他朴实中不失幽默：“别看我 40 多岁了，却有一颗 20 岁的心，让我保持年轻心态的最大秘诀是剪报。剪报是我学习的一种方式，这样学习，不仅可以丰富知识，而且可以提高文学素养。”

有一次，刚送来的报纸一转眼找不着了，正当大家四处寻找时，老柳有些不好意思地说：“这期报纸太精彩了，让我弄成剪报了。”

柳立国年轻时喜欢看各类报纸，报纸上丰富多彩的内容，极大地开阔了他的视野。每当读到一段优美的文字时，他总要把这些文字记录到手抄本上，时至今天，他自己也记不清记录过多少本了。刚工作时，矿上的条件特别艰苦，能看到报纸简直是莫大的奢侈，一旦有机会读报，他总是爱不释手，反复读上好几遍。后来，随着公司效益越来越好，企业为了丰富大家的生活，给各部门征订了多种报纸。但报纸看完后，没有固定的人员收集、归档。看到凌乱堆放的报纸，柳立国萌发了剪报、归类的念头。剪下来的报纸放到哪儿，着实难倒了柳立国。他很快发现许多员工用过的废旧“班组工作日志本”堆放在办公室的角落里，他突发灵感，将剪下的报纸粘贴在这些日志本中，既美观大方，保存又方便。

工作之余，他大部分时间都用在了剪报上，为便于管理、查阅，他分门别类，将纷繁芜杂的报纸内容按照新闻热点、人物春秋、知识博览、环球拾趣、世说新语、情感人生、家政服务、养生保健、社会万象等多种版块分类归册。20 多年间共剪贴了 200 多册剪报集。

有人问：“剪报纸不烦吗？”

他说：“这么多年了，无论我遇到什么烦心事，只要拿起剪刀、胶水，浮躁的心就能马上平静下来。”

柳立国视这些剪报为珍宝，对其爱护有加，生怕丢失或破损。但只要工友们需要阅读，他毫不吝啬。他的各种“百科全册”在设备维修中心被大家广泛传阅，受到一致好评。

他说：“当时的想法很简单，就是在办公室里工作，能及时看到报纸，之后想到基层一线的工友，根本无法第一时间看到报纸，希望通过自己的一点点付出，能为他们传递一份精神食粮，没想到这一剪，就是 20 多年。”

一名标准的合格的工人，能耐得住寂寞，能热爱生命。

【旁白】这五个小特写，是普通工人的群像素描。通过这个素描，我们看到了准能集团“当标准人”的标准，看到了准能集团对员工做标准人的积极引导。其实，在准能集团，像杨在忠、樊德才、周永轩、冯二占、柳立国这样的员工还有很多，他们普通、平凡，但是在企业文化的长期熏陶中，却能自觉自愿地守着一名工人的本分，在各自不同的岗位上尽心尽责地为企业做着一名普通员工觉得对得住自己良心的事情。从他们身上，我们感觉到了昂扬向上的正能量，看到了准能集团职工队伍的主流基调。

（二）上标准岗

标准岗要因岗而异，不能因人而异。准能集团公司根据设备技术质量的要求，规定职工不但要全部执证上岗，还要强调掌握岗位操作规程应具备的文化、技术基础知识和实际操作技能以及岗位安全生产要求。岗位标准紧密结合生产实际，为生产服务。

准能班组的**标准岗位**划分为**班组长岗、副班长岗、技术员岗、安全员岗、协管员岗、青安岗、材料核算岗、检修工岗**八种。

标准化安全员

黑岱沟选煤厂洗选一车间二工区工长、全国安全管理标准化示范班组创建活动优秀班组长白全忠，连续 17 年、近 6200 个昼夜未发生过一起安全事故。

他说：“每天 20 分钟的班前会由班组群监员讲解当前国家、兄弟单位的安全形势和标准化作业流程，让职工熟悉自己负责的工作存在哪些危险源，明白有了安全才能保障生产。然后仔细督查职工的学习情况和工作、精神状态，绝不能让职工有丝毫松懈。”黑岱沟选煤厂洗选一车间二工区是选煤厂本质安全型标杆班组，其安全工作的好经验已逐步向全厂推广。

白工长工区通过安全理念引导职工思想，促使职工养成安全行为习惯的同时，着力培育班组安全文化。他在坚持开展每日一题、每周一辩、每月一考的好做法基础上，制作了班组安全文化墙、制度墙，营造了良好的安全氛围，使安全观念真正入脑、入心。逐步使职工从“要我安全”的安全观念向

“我要安全”转变。

工区将标准化班前会制度、安全风险预控体系考核制度和隐患排查整改奖惩制度相结合对职工进行引导、培训，慢慢内化为职工的行为规范。他筹划着丰富多彩的安全月活动：比如让职工签署“零伤害”承诺书和对到期的灭火器进行统一更换，组织职工进行消防应急演练、安全知识竞赛。此外，为筑牢“第二道安全防线”，他还组织家属协管进行座谈。

标准化班组长

什么是标准化班组长？标准化班组长，除具备信念过硬、政治过硬、责任过硬、能力过硬、作风过硬，并有着一定的群众基础外，还要通过安全培训考试，具备识别所管理岗位工种危险源控制事故的能力，熟知并掌握班组所有岗位安全技术规程和作业标准，有适合本班组的安全管理法。大准铁路公司的班长张国权在此基础上，有一套自己的“标准经”。

1. 坚持工作从实际需要出发，紧紧把握班组员工思想动态，根据每位员工的文化差异，量身定做业务培训教育计划，把工务专业知识按照“初、中、高”三个等级进行培训教育。

2. 制作“互帮互助”活动跟踪表，由老员工带新员工、技术好的带技术差的，并签订帮促协议，制订帮促方案及考核措施，只要互助小组中有一人不合格，其他人也一并考核，对表现突出的小组给予奖励。通过活动的开展，使大家增强了抱团才能前进的意识。

3. 抓好各项管理工作，出台《外西沟线桥工区班组管理办法》，设立厂务公开栏，维护员工利益，通过多种形式让员工发表意见和建议，充分调动员工参与班组管理的积极性。

4. 工区每个月都会举办一次班组民主委员会，员工在会上对工作和生活中的问题可以畅所欲言。工区针对亟须解决的事情立即着手对员工的建议和意见向上级反映，寻求解决办法。

5. 以“5821”班组建设体系为依据，结合自身实际情况，在班组建设工作中本着“安全第一，预防为主”的原则，创建“134”班组管理方法，推进本质安全型班组建设。“134”的内容是，“一个标准”：严格执行标准化作业。“三个加强”：加强员工培训，提高操作技能；加强风险辨识，深化风险管控；加强作业纪律，提升工作效率。“四个达标”：人、机、环、管四个方面的本质安全管理达标。

工区从一点一滴做起，使员工逐步树立起了不等不靠、不推不拖的作风和主人翁思想，促使班组成为一支团结民主，安全生产精细高效的现代化本质安全型班组，最大限度地激发了班组活力。

标准化机械维修工

准能集团设备维修中心的魏建雄，被称为“矿山设备的整形师”，从他在工作岗位上的言行举止中，可以看到标准化员工的样子。

1991 年 9 月，魏建雄毕业于辽宁阜新煤矿技工学校机修专业，刚出校门就踏进了准能集团设备维修中心，从事矿山采掘设备的机械维修工作。

2008 年 8 月底，504#DMH2 斜孔钻机的钻架连锁机构失控，导致高 30 多米、重达 40 多吨的钻架底部脱落掉在地面，且倾斜靠在钻机平台上，随时都会发生整体倒塌造成钻架损毁的事故。现场情况万分紧急，厂方技术服务人员异常焦急。魏建雄在认真仔细察看现场后，凭借多年积累的钻机检修经验和过硬的专业技术，制定了周密的检修步骤和安全防护措施。他与其他技术人员一直坚守在现场，一连四天加班加点抢修，使钻机恢复了正常运行。

2014 年，DM45 钻机在投入现场运行后，逐渐暴露出自身设计与现实工况环境的不足。由于钻架平台距离地面较低，走钻时经常被撞变形，在进行深孔作业时，容屑空间不足，捕尘罩面积有限，造成岩粉堆积后发生倒流，最终导致捕尘罩无法正常使用，且钻孔作业时灰尘四散飞扬、钻机笼罩在粉尘之中等问题的发生，给现场作业人员的身体带来了健康隐患。发现这些情况后，心急的魏建雄抓紧时间从设备结构入手，对设备结构和原理进行细致梳理、研究，并结合实际，充分利用设备现有空间和结构，重新设计了一套具备角度翻转、自动升降等功能的捕尘罩，实现了岩尘的有效捕捉，解决了这些问题，为确保员工身体健康加了一道“保护罩”。

参加工作 20 多年，魏建雄创新的脚步始终没有停歇，先后参与并指导完成了由阿特拉斯、山特维克两家公司生产的 5 种型号 22 台进口钻机的组装任务；排除大型疑难机械、液压故障 200 多起（项），有效延长了设备运行时间 2000 多个小时，按照电铲作业每小时创产值 2 万元计算，一年可为企业创产值 4000 万元以上。同时，他还完成了 KY-200 钻机操纵台、395BI 电铲推压滚筒、WK-35 电铲提梁等 20 项技术改造项目，增加设备运行时间 8000 多个

小时，完成修旧利废400多件，节约维修费用800多万元。

魏建雄用事实告诉我们，一个标准的维修工，在认真执行岗位职责、按照岗位标准履职做事、按照安全规程标准化操作的同时，还要练就高超的维修技术，做到维修服务主动周到、维修过程精益求精、创新性维修一丝不苟、能修好就不换等职业精神和职业道德。

标准化技术员

“把工作做得更好”一直是刘宇工作的目标。2012年秋天，毕业于中国矿业大学的他来到矿山后，由于对业务不熟悉，对工作一时上不了手。便经常深入生产一线各采场、排土场，及时掌握现场第一手资料，回到办公室进行深磨细研。经常向有经验的老师傅、青年同事请教、学习。经常不管领导分配的工作任务是不是属于自己的范畴，都会自己先做一遍，然后虚心地拿到大家跟前，对比、沟通、取长补短。功夫不负有心人，他用一年的时间进入工作状态，结合所学的理论知识和矿山实际情况，完成《露天煤矿采煤运输系统》《哈尔乌素露天煤矿跨南坪沟端帮路搭设方案研究》《组合台阶开采工艺在哈尔乌素露天煤矿的应用等多项重大露天采矿设计》，保证了矿山安全生产的有序进行。

按照露大采矿工艺的要求，采矿计划要随时根据露天矿生产一线工作面的推进和采剥关系的变化进行合理调整，短时间内作出精确的调整方案。四年前，露天煤矿排土场紧张，卡车运距加大，在安全高效、尽量少损失煤的情况下，如何将搭建的中间桥进行“拆桥”？成为当时的一道重大难题！从事露采工作不满三年的刘宇毅然将这道难题攥在了自己的手心。他扛起测量仪器，带领着采矿和测量人员进入了现场，选址、勘查，在“鸡爪山”的沟沟坎坎中穿梭忙碌。回到办公室，顾不上休息，埋头分析所有采集回来的测量数据。经多方优化、比选作出了两个方案，一是在采场一侧采用装载机清理虚量，和推土机配合降段交替作业；二是在排土场一侧利用液压反铲自身作业特点进行装车和倒堆作业。在综合分析露天矿因征地受限影响等因素后，最终采取两个方案同步实施应用，共清理出残煤2万多吨，为完成哈尔乌素露天煤矿全年生产任务做出了贡献。

几年前，哈尔乌素露天煤矿生产任务加大，但征地问题严重影响进度，外委施工单位开工晚，排弃空间紧张，导致生产组织困难重重。作为生产技术部采矿主管，刘宇把困难藏在了心底，把自信写在了脸上，他及时了解掌握作业现场各台设备的作业动态，与各作业环节负责人积极沟通，合理移设电铲、钻机等作业位置。

因征地问题，矿区采场南侧上部无法正常剥离，而下部剥离进度加快，电铲面临无量可采的境地。此时，刘宇提出将上煤运输通道移设至内排土场的方案，在缓解电铲采掘位置紧张局面的同时，缩短了卡车运距，提高了采煤运输的便利性，提高了生产效率，扩大了采煤运输能力。2014年，全矿生产原煤3357万吨，创全国露天煤矿产量之最。这项创新被国家知识产权局收录为实用新型专利。

此后，他又提出“哈尔乌素露天煤矿L型工作线开采方案”，撰写的《露天矿排放矸石三轴压缩宏——细观力学特性研究》学术论文被EI收录。他所在的团队，在他的带领下有多名优秀科技工作者被公司评为科技创新先进个人、科技管理先进个人。

【旁白】准能集团倡导当标准人上标准岗，其目的就是通过标准化管理，让班组员工上岗能自觉自愿地恪守岗位职责，按照有关岗位标准和规定做好每项具体工作，让岗位操作不走样，在努力提升工作质量、提高工作效率的同时，养成按标准作业的习惯。用标准养成习惯、让习惯符合标准，从而达到管理的高境界。

（三）做标准事

准能集团公司把风险预控管理体系与岗位标准作业流程相融合，构建岗位操作标准化体系，标准员工作业行为。其方法：第一，岗位操作标准化体系与危险源辨识即管控相结合；第二，岗位操作标准化体系与规范员工作业行为相结合；第三，岗位操作标准化体系与创建安全管理标准化示范班组相结合。如图所示：

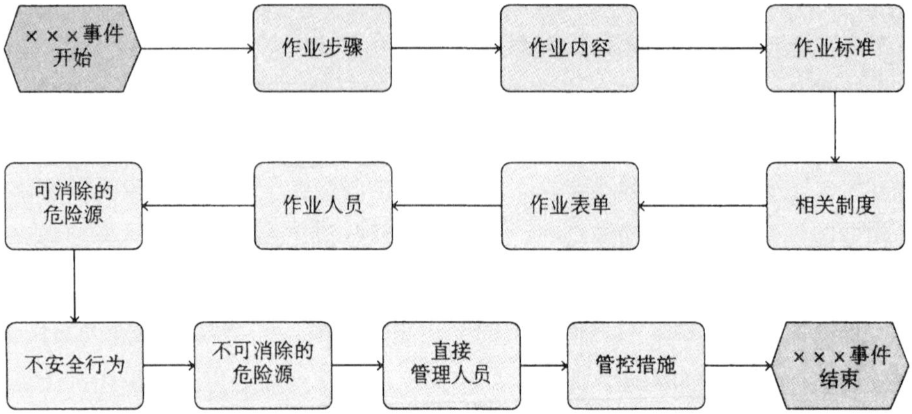

准能集团公司岗位作业标准图

炸药厂爆破作业的标准

哈尔乌素露天煤矿穿爆队爆破班是全国安全管理标准化示范班组。总工长马新虎在回答如何保证高危爆破作业期间的安全这一问题时，一脸严肃地说：“爆破作业，必须严格，不能有半点松懈。”

当问及标准作业如何一丝不苟地执行、班组依靠的载体是什么时，他笑着说：“以公司工会开展的‘五小’为指导，开展小课堂、小制度、小管家等特色活动，全面保证爆破作业本安工作取得实效。”

“小课堂”：挑选出爆破放线工作干得又快又好、方法简单且准确、经验丰富的榜样职工为班组开展“小课堂”。为收到更好的效果，榜样职工们把“小课堂”搬到了作业现场，充分结合实践，为职工讲述标准作业技术和规则。

“小管家”：为避免出现爆破飞石，除爆破组长和装药技术员外，还选配一名装药“小管家”，全面发挥团体智慧，达到精准爆破的效果。对于火工品的管理，也有专门的“小管家”为每次爆破作业甚至每一炮的用量建立相应可追溯的闭环管理。

“小制度”：为将小课堂、小管家最终转化为生产和安全效益，还需“小制度”来支撑与落实。为使矿队制度更切合班组管理的实际情况，爆破班细化矿队制度，对每个作业步骤作出标准规范。

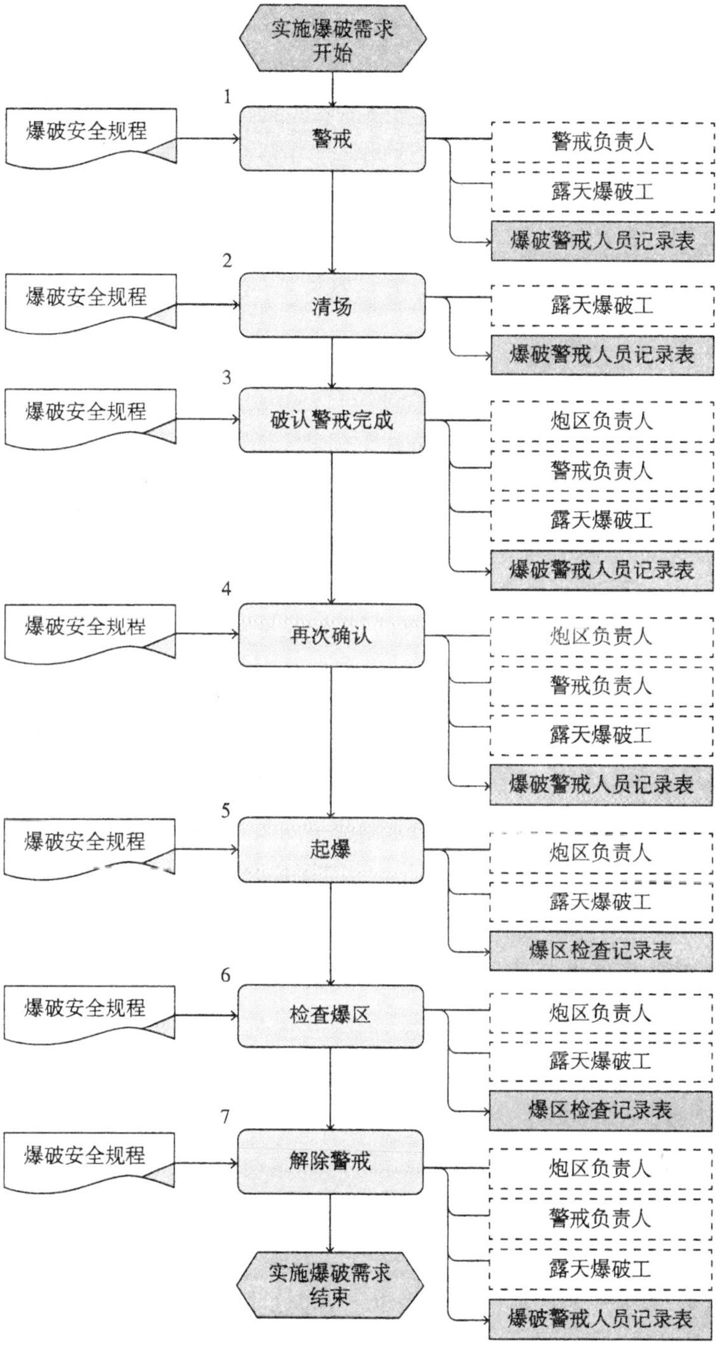
实施爆破需求
开始
1
爆破安全规程
警戒
警戒负责人
露天爆破工
爆破警戒人员记录表
2
爆破安全规程
清场
露天爆破工
爆破警戒人员记录表
3
爆破安全规程
破认警戒完成
炮区负责人
警戒负责人
露天爆破工
爆破警戒人员记录表
4
爆破安全规程
再次确认
炮区负责人
警戒负责人
露天爆破工
爆破警戒人员记录表
5
爆破安全规程
起爆
炮区负责人
露天爆破工
爆区检查记录表
6
爆破安全规程
检查爆区
炮区负责人
露天爆破工
爆区检查记录表
7
爆破安全规程
解除警戒
炮区负责人
警戒负责人
露天爆破工
爆破警戒人员记录表
实施爆破需求
结束

爆破标准作业流程图

露天煤矿道路修筑的标准作业

哈尔乌素露天煤矿工务队班长杨浩是一位从履带推土机司机走向班组长管理岗位的技术能手，他指挥修筑的露天矿道路及排土场是一个作业标准。

杨浩每天通过班前会和老兵们的相帮，能及时摸清班员的思想情绪，采纳大家的安全生产建议。接班后，他和老兵们反复观察生产现场，不管有无险患，都会制定避险措施。对各排土场进行巡视，与排土场司机共同确认排弃边界，预想排弃超界可能存在的危险源，确定排弃要求及排弃标准，交代司机排土场是否需要调整、如何调整、调整标准，交代司机在工作过程中可能存在的安全隐患及如何避免，并与运输队做好调量工作。对需要调整的工作进行复查，在司机汇报调整完毕后对工程质量再进行复查，复查内容包括挡墙高度高于卡车轮胎直径的2/5，反坡3%～5%，路面无突起石头，无直径大于0.5米的坑包。然后通知平路机对调整过的排土场进行整体平整，通知运输队排土场恢复正常排弃等。

做好运输路、工作面、排土场的大量挡墙尤其艰难。员工的“工程眼”与手头功夫的高下，对工程安全至关重要。“眼高”不等于手高，“手低”眼光也高不了。杨浩脑瓜灵，审美眼光也高，对做得既快，活儿又干得漂亮、技术拔尖的老兵，多方式、多手段推广他们的操作技能。在条件允许的情况下，带领其他员工现场观摩“高手”的技术水平。

他说：“别人用三铲干完的活儿，他们为什么一铲子就干完了？他们修的路为何又平又直又快又好？”他让大伙儿先看“高手”做，再让“高手”现身“说”，继而让大伙儿现场“评”。这样的活动，循序开展，时间久了，司机们的技术、“美感”逐步提高，形成了干完活儿，先自检；满意了，再互检；都满意了，就叫班长来验收的标准作业习惯。

铁路工务一日标准作业

班前：点名、分配任务、职工进行危险源辨识、安全预想、业务学习、安全宣誓、排队签字、准备工具，这一系列作业程序，做到了职工出工前对当日工作始终保持警醒的头脑，对所干工作进行逐项分析，对前一天工作不足之处进行梳理，提高每名职工的思想意识，起到了巩固作用。职工理论知识起到了推动作用，让职工将所学的理论知识运用到现场的工作实践中，用理论指导生产，确保了理论实践双丰收，让标准化作业更牢固。

班中：从防护员、驻站员互通信号入手，搞好作业联控，接着把工机具放在固定位置，由现场负责人确认无误后，上道进行调查工作量，安排其他人员复紧扣件、点撬、测量轨温、检查机具等工作，随后把检查出的病害进行划撬。合理安排劳力，按照起、拨、改的作业程序进行作业，作业人员逐项进行捣固、拨道、改道，在工作中职工配合默契、互相提醒，达到了工作同行、目标同向的目的；负责人、青安岗员、安全员、群监员不时地提醒，现场都处在紧张的状态中，听到的是机具与石砟的交响曲。一项工作完成后，他们各自把用完的工机具放回原处，又进行了下一道工作程序，就这样周而复始直到完成。他们忙中有序，对每一道工作程序是那么认真，对每一件工机具轻拿轻放，就像呵护自己的孩子一样。作业即将完毕，职工对作业地段进行回填、均匀、平整，并且对作业后的质量做好记录，直到达到放行列车条件，通知驻站员转移工作地点，随后撤出防护，工作结束后，返回工区。

班后：下班回到工区，对所用机具按照工机具排列顺号进行摆放，等清点工机具后，职工回到会议室进行学习、对规。首先由现场负责人对当日完成情况与质量情况进行汇总上报，安全员、青安岗员、群监员对人员、设备及“三违”情况进行点评。机具操作手汇报机具的使用情况，材料员汇报材料的消耗情况。最后工长对当班作人员的作业质量进行点评，并布置次日的工作任务及学习内容。

【旁白】曾听人抱怨说：做事最怕第一次不把事做对，做错了就要返工，而返工的过程就像陷入魔咒，往往是越做越错，越错就越心烦气躁，结果不仅可能造成无效劳动，而且还有可能造成安全隐患甚至事故。为何不能第一次就把事做对呢？其中重要因素就是做事缺少标准或者不依标准做事，粗线条做事，甚至凭经验做事！这都有可能让我们掉进不能保证把事做对做好的怪圈。准能集团班组的经验告诉我们，只有为做事定标准，按照标准做事，做标准事，我们才能做到一次把事做对。

（四）干标准活

准能集团公司将标准作业流程分为标准流程和执行流程，标准流程对国家能源集团岗位作业具有普遍指导意义，执行流程是准能集团公司各厂矿结合本单位生产实际情况，对标准流程的进一步细化、优化、增补，即干标准活（如下图所示）。

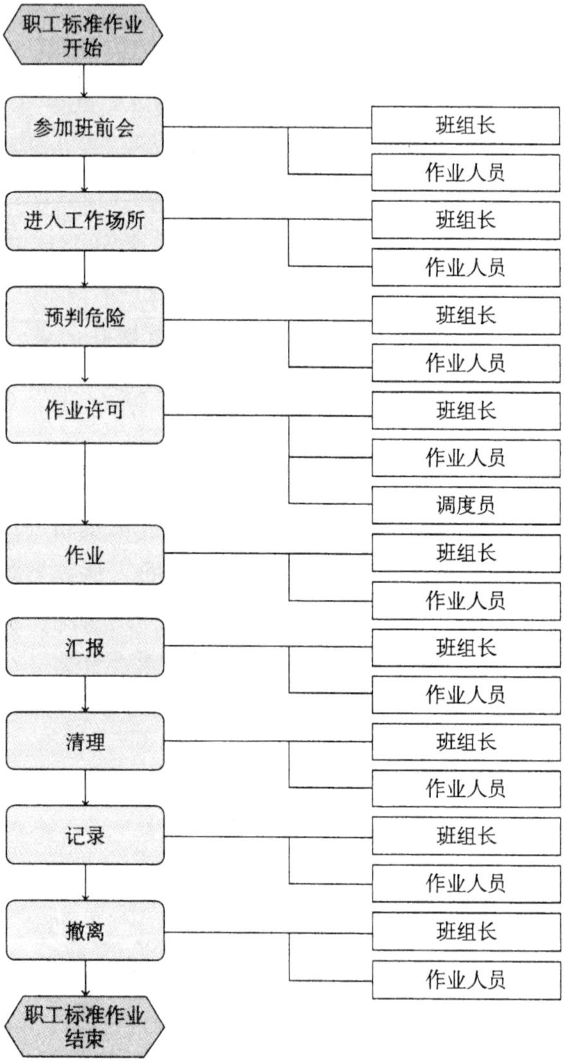

职工标准作业综合流程图

精确的焊接操作

勤巧炼就“焊武帝”，提枪焊出“新乾坤”，这是年轻焊工郝曙光对焊接技术的追求和热爱。

作为准能公司选煤厂的一名焊工，一名奋斗在生产一线的杰出劳动者，郝曙光以高超的技艺、精湛的技术、敬业的品德和灵巧的双手，在平凡的岗位上雕琢着自己心中的“中国梦”，在追求技术极致的道路上他有一颗赤子之心。

他熟练掌握焊接“平、立、仰”等基本功及火焊切割技术，是选煤厂焊接工作的骨干。焊接作业既枯燥又危险，每次工作前，郝曙光都要认真检查需焊接设备的状况，包括焊枪线路是否接好、接地情况如何、有无安全隐患、安全防护措施是否到位等，养成了非常安全且规范的焊接操作习惯。输煤带焊接需要钻进皮带下面，下面空间狭小，而且焊工还要求焊工帽、安全帽、皮手套、防砸鞋等全副武装。在那种闷热的环境下工作，困难可想而知。如果赶上焊口在设备下方，就必须得头朝下进行焊接，每完成一道焊口，都会感觉头昏脑涨，双目晕眩。若赶上夏季工作，厚厚的工作服常被汗水浸透，而皮肤也会被飞溅的焊花烫得难以忍受。冬季补焊管线，他一干就是几个小时，收工时那一身油、一身泥、一身冰水，又冷又脏，可郝曙光却总是抢在前面，挑最艰苦、最危险、最重的活儿干。

输煤系统大型钢制配件经常会出现断裂，在一次焊接作业中，推瘤打磨后，支架下方出现了一条细微的裂纹。为了查清原因，郝曙光和同事们用他之前研发的焊接裂缝检测器检测，也没有发现裂纹产生的原因。难道是焊剂出了问题？郝曙光百思不得其解。为了找到答案，郝曙光联系厂家技术员，多方求证的结果是焊剂没问题，唯一的可能是承载问题。于是，郝曙光带领工友们一边研究，一边艰难地做试验。为了降低成本，他通过调整支架位置解决了这一难题。

从 2010 年到 2018 年，郝曙光与同事承担了无数次厂内外的机组大小修及设备改造工作，由他完成的焊口约有上万道，合格率均达到了 100%。

焊花是绚丽夺目的，亦是另一种生命力的展现。如果你能很好地掌控它，它将改变你的一生。郝曙光希望自己的人生就像这焊条一样，只要被激情点亮，就会发出耀眼的光芒。

精细的道路排查

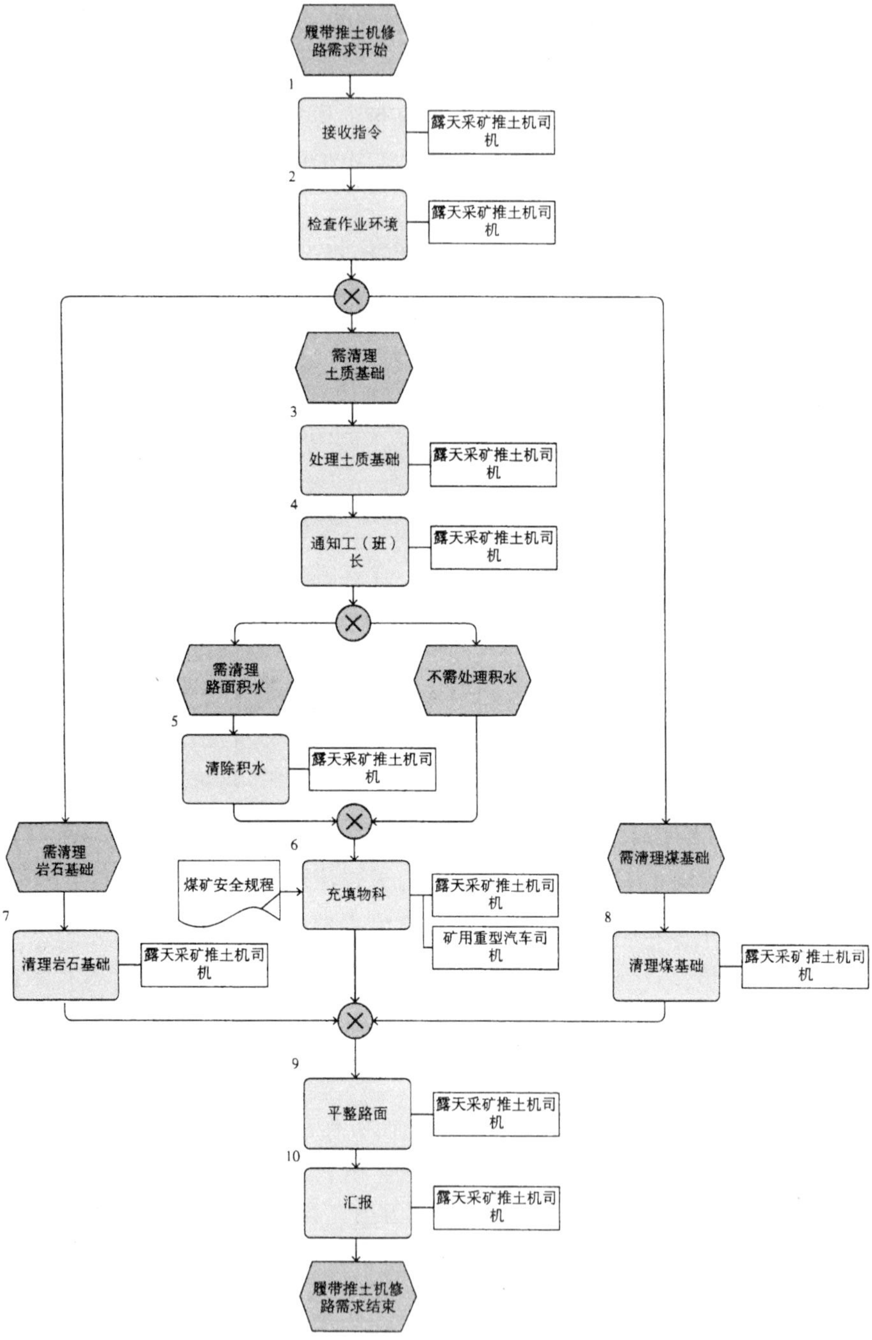

履带推土机修路标准作业流程图

“每天下坑作业前，要先做好预备工作，包括班前安排工程任务，分配工程设备作业地点、所修道路、挡墙、铲位的具体数据及原始记录数据的整理、作业后的验收等。因为，道路、挡墙等数据是修理道路、挡墙重要的基本技术资料，是确定道路坡度、宽度，挡墙高度、厚度的基础数据……”这是哈尔乌素露天煤矿王斌的工作心得和经验教训。

精美的车工技艺

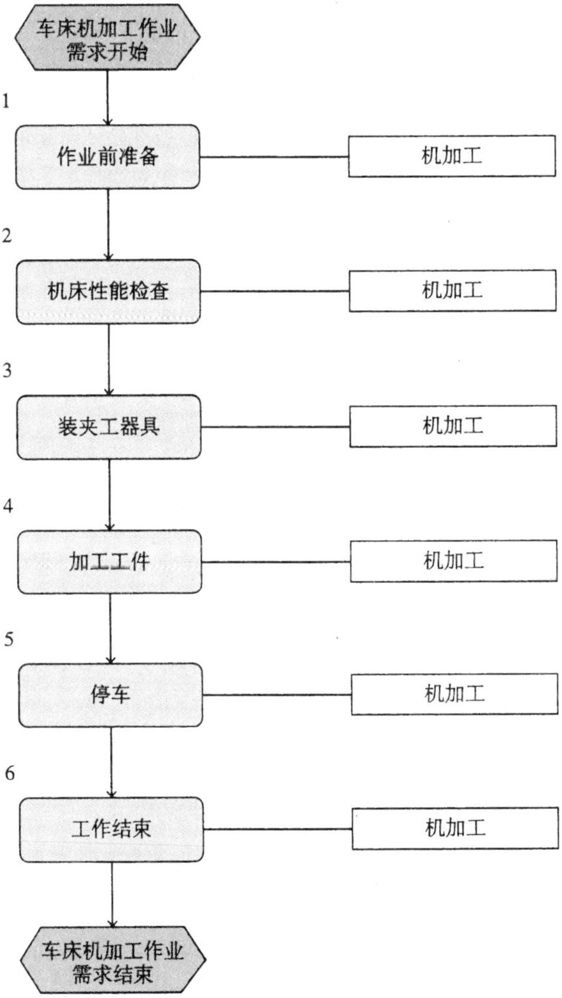

车床机加工标准作业流程图

在机修车间，有这么一群车工，他们一辈子干的是和各种工器具、零配件打交道的活儿。宽敞又略显昏暗的车间，隆隆的机器声不绝于耳，这是车工的主要工作场所。

在这里，你看不到任何完整的大型矿用设备，和它们有直接关系的只是等待加工或者经过精密加工之后的零件、配件。譬如眼前看到的小铁棒，直径只有20毫米，经过加工后，它将成为一个内径为4毫米、外径为8毫米的接头，刚好将两根塑胶管连接起来，严丝合缝，这是一个合格车工必须要达到的标准。

总成三班的张金虎此时正在忙1350铲斗的镗孔工作，这个部件是1天前汽修车间送来的，要求两天内交付。在机修车间，张金虎所在的总成三班主要承担着黑岱沟露天煤矿和哈尔乌素露天煤矿各类零件的加工制作、各种孔类的加工以及所有大型设备的镗孔工作。一旦出现需求，各车间的技术员就会按照零配件绘制详细的图纸样式交由他们进行加工制造。某种程度上说，他们之于企业，正如他们亲手加工的零配件之于设备一样，看似“小”得不起眼，却不可或缺。

零配件的加工制造属于精密型工作，是通过机械精确加工去除材料的加工工艺，涉及图纸、工艺流程、尺寸大小、配合方式、公差范围等。操作要求极其精细、严谨，绝对是对一个人细心、耐心、用心的反复锤炼与考验。

什么叫作失之毫厘，差之千里？当你辛苦加工完的零配件因为公差超差问题被打入不合格品而必须重新再来的时候，就是最直观的诠释。拿起外径千分尺来，张金虎淡然地说道：“普通成年人的头发丝直径，我们这行人称之为7道，也就是7%毫米。外径的测量只有用千分尺才能精确到这种程度。精密的测量工具还有很多，像内径百分表、杠杆百分表、内径千分尺等。”是的，对他们来说，标准只有一个，必须合格。

精密到如此程度的加工，让人不禁好奇，究竟是怎么做到的。“车工的秘诀在于测量，量准了，也就意味着成功了一半。”张金虎说。在车间里，可以看到，他们每个人身边都有一个1米高的工具箱，放着各种基础性的工器具、量具以及经过磨削后各种形状的刀具。这些千奇百怪的刀具，都是他们自己亲手磨削的。而像百分尺、千分尺、百分表等精密性高、价值高的工器具则被单独存放到班组公共使用的工具箱中。

这些箱子被安置得井然有序，里面的工器具琳琅满目，同一种类还细分为各种尺寸，小到一个手掌可以放下的，大到一个成年男子必须使用双手抬的。“粗略估计下来，我们班组的工器具大约有9类，每一类根据尺寸大小又分为很多种。”张金虎介绍道。

零配件的机加工不是张金虎唯一的工作，这个有限的方寸间也不是张金虎唯一的工作场所。对镗孔这项工作而言，有的时候，由于事态紧急，设备不好搬运，就需要张金虎他们带着自己的便携式镗孔机到坑下、各个车间、班组现场干活。焊接是否完成，刀具磨削了吗，找正是否正确，镗孔机各部位运转正常吗……为了确保孔径完全符合标准，每一个细节、步骤都必须要顾及好，但张金虎干得游刃有余。

【旁白】准能集团员工干标准活儿的实践再一次证明：先有标准再干活儿，干标准活儿才能保证质量，才能作出犹如工艺品的产品，才能让班组员工在刻苦钻研、精益求精的精神追求中提升技术水平，获得个人成长。

第五章

收获：班组管理成于标准

“5821”班组建设体系，是围绕着如何搭台、铺路、架桥帮员工成长、成才、成功而开拓思路、设定目标、判断方向、创新方法、制定标准、凿通路径、铺设阶梯。这样的创新性思维和管理，决定了最先受益的主体是班组和员工。

从 2013 年至今，准能集团一批又一批班组、一批又一批班组长，在全国安全管理标准化示范班组创建活动中脱颖而出，跻身“优秀”行列，还曾登上人民大会堂接受表彰；准能集团及多个基层单位多次被评为安全管理标准化示范班组创建优秀组织单位、全国煤炭工业“三基九力”建设优秀区队、全国煤炭工业“三基九力”建设优秀班组……

这是准能集团的成功，更是准能班组和员工的成功。这正应了习近平总书记的一句话：“有付出，就会有收获。幸福都是奋斗出来的。”

一 标准化管理让班组管理事半功倍

2014 年 11 月 28 日，准能集团一行 10 人胸戴大红花走进人民大会堂，参加全国最高级别的“安全管理标准化示范班组创建活动表彰会”。

人民大会堂的小礼堂简洁典雅，庄严肃穆，极富民族特色的内蕴，令人肃然起敬。

站在人民大会堂走廊上合影留念的，是准能集团主管班组安全的领导以及经过层层选拔的 7 名班组长精英，他们是准能集团煤、电、路一体化各个行业版块的优秀代表，他们不仅代表自己，更代表了准能集团及 17000 余名兄弟姊妹。

“5821”班组建设体系就是准能集团在这个时代的思想、这个时代的代言词，它让准能集团班组建设步入了管理的高境界——标准化。

（一）用“标准”梳理传统管理

适应新常态，把握新常态，引领新常态，需要与之相呼应的新思想，思想主导行动，行动决定结果。万余名准能兄弟姊妹同心聚智、同德同行，变“安稳心态”为“危机意识”，以奋发有为的精神创造性地破解阻碍企业发展的一系列问题；变“公司意识”为“大集团意识”，发挥“1+1 > 2”效应；变“习惯思维”为“创新意识”，推动“传统工业思维”向“互联网思维”迈进。

如今的准能集团进入这样一个新常态：矿处、科队、班组三级核算体系良性运转，全员绩效考核体系整体覆盖，经济本安体系全面运行，节能环保风险预控管理体系建设全面推进，标准化党支部建设全面建立，现场目视化管理、岗位标准作业流程自觉运用……

“5821”班组建设体系的管理标准在持续发扬继承优良传统的基础上，使准能集团的 1077 个班组推进实施了统一的**基础台账标准化、班前会标准化、危险源预判标准化、岗位作业标准化、作业环境标准化、物品定置标准化**等，构建了一套完整的具有准能集团特色的班组管理模式。

2017 年年底，准能集团实现利润 74 亿元，超往年最好成绩 28 亿元，煤炭生产、铁路运输、发电，循环经济等多项指标，创历史新高。荣获“第五届全国文明单位”“国家能源集团 2017 年提质增效工作先进单位”“国家能源集团 2017 年度经营业绩考核先进单位”等称号，全年累计获得绩效奖励 2.03 亿元，全员工资总额得到较大幅度增长，为企业和谐发展营造了良好氛围。

（二）职工终于接受了“标准”

“标准化班前会”让班组管理尝到“甜头”

“我们的安全宣誓是：在岗一分钟，安全 60 秒。”数十名班组职工昂首而立，右手握拳，一丝不苟地齐宣岗前誓词，班前会在宣誓中结束。

班前会岗前宣誓并不是走个形式，而是结合“标准化班前会”流程，是凝人心、聚士气的一项重要活动，职工一天工作的精气神全靠它。

准能集团“创建安全管理标准化示范班组”，运用岗位标准作业流程原理，将班前会的先进经验和先进做法固化，编制了《班前会标准流程》，明确了班前会的步骤、内容和标准。班前会准备、点名、唱班歌、设备情况介绍、工程安排、安全警示、上级指示、安全宣誓等流程一项都不能少，做到了“三查三交三学习”。这不仅提高了准能集团班前会的整体质量，而且有效提振了职工作业的精神状态。

标准化班前会的推广应用一扫班组萎靡之气，职工精神面貌明显改善，班组工作任务更加明确，安全警示精准到位，班组长与班员形成良性互动，激活了班前会气氛，形成了“领导干部走下去，职工群众站起来”的班组自治、自主的良好氛围，为班组注入了昂扬向上、奋勇争先的强军精神，培育了“你能、我能、大家能，准能”的企业文化，不断激励职工践行爱岗敬业的劳模精神和精益求精的工匠精神。

“信息化”让班组管理变了样

2018 年 1 月 20 日，准能集团三楼会议室座无虚席，国家能源集团煤炭板块班组建设检查组成员与准能集团各级班组建设管理人员和优秀班组长代表分享着准能集团选煤厂班组长杨喜荣的管理经验：“信息化让班组管理变了样。”

杨喜荣，参加工作 8 年，但作为班组长，他的资历并不深，只有 2 年。有了班组信息化系统，一个贴近生产实际、简单实用、易操作、效率高的班组管理平台，让他所在的班组彻底摆脱了过去班组资料手工记录、班组台账手工查询、生产任务布置缺乏规范、经营成本管控滞后、数据资源难以共享等一系列问题。

8年前，杨喜荣第一次走进班组，班长在他们每个人脸上扫视一圈，记下缺勤人员，然后把当班工作一布置，一天的工作就开始了。至于记录，想起来就记一下，有检查了就突击补一下，只要生产不耽误，就一切“OK”。后来，公司推行信息化系统，班前会有了流程和规范，厂里不定期进行检查和评比，于是他们也操练起来，但仅用于演练或评比，平时该怎么开还怎么开。

2016年，杨喜荣担任班长，他把信息化系统的各个功能板块仔细揣摩一番后，领会到这个系统的实用性和科学性。于是，他不厌其烦地录入、学习、培训、试用，键盘每天都在嗒嗒嗒地震动着。初期的数据录入量很大，班组的个别成员和他发牢骚。渐渐地，发牢骚的组员脸上露出了笑容。原因是他们看到杨喜荣在进行工作任务安排时，依据标准作业流程，结合自己往日照好的现场照片在室内进行危险源辨识分析，既方便又直观，既省事又实用。

从此，信息化系统在班组里扎了根，每个班组成员都成了系统的栽培者和施肥者。开会时，一个笔记本、一台壁挂式电视，醒目的显示屏上清晰地显示了交接班、任务安排、设备维修预警、标准作业流程及危险源辨识等各项工作安排，每项工作有流程、有标准，每天要干哪些工作、怎么干都一目了然地展现在员工眼前。

特别是在“培训教育”环节，由于建立了庞大的培训学习库，有图文并茂的动感图片，有直观清晰的视频资料，也有生动的案例分析。让大家在轻松愉悦的氛围中接受一次安全教育，彻底改变了过去班长上面讲，职工下面听的“独角戏”模式；事故案例学习用电视直接播放一些事故小短片，事故的原因和经过被生动地描述出来，这对职工的视觉和心灵造成很大冲击，让职工深刻感受到不安全行为的危害，安全意识明显增强。每次30分钟的班前会就好像是一集生动的电视剧，班前会变得生动有趣，职工们也愿意参加了。

信息化系统，让生产作业管理由生产任务分配发起数据流，分配过程关联的人员、设备、所需材料、发生的成本、工作程序、现场的危险源等一目了然，实现了生产作业的标准化、数据统计的规范化。生产任务完成后，系统会自动生成班组各种数据记录、生产报表、查询报表、成本核算报表等，提高了班组管理的自动化水平。

在成本核算模块，记录了所有材料在班组日常工作中的使用状况、使用时间、维保、维修的详细情况等，随时可以查询，并对原始数据进行统计分析，生成成本统计报表。

有了信息化，班组将各类设备、材料配件的相关信息输入电脑，需要时，只要打开系统，输入关键词就能非常直观地看到某台设备某个配件的型号、使用期限、库存数量、原值、负责人以及更换时存在什么问题，哪些地方应该注意什么等，大大提高了工作效率。

有了信息化系统，建立员工培训资料库和考试题库，有文字的、有图片的、有视频的、有真人授课的，根据班组工作和人员实际，各取所需。技术培训省劲儿多了，经常换着方法学，学习效果自然不同。如果想检验一下学习成果，可以随机出题，随时在线或线下考试，在线考试系统可以自动评分，将分数录入数据库，便于员工进行考核评比和测试。

班组信息化，让班组管理如虎添翼。

（三）管理者觉得班组各项管理都比原来省事

“管理追求的是简单化，而不是复杂化。管理也一样，出台一个制度，简单好记，是我们管理者的追求。如果管理越来越简单，越来越省事，说明我们的流程对了，体系就建好了。管理好了，方向对了，我们就必须坚定不移地做下去。”谈及“5821”班组建设体系，准能集团原党委书记、董事长杨汉宏赞许地说。

准能集团大准铁路公司总经理杜振军说：“在‘5821’班组建设体系的支撑下，大准铁路公司班组建设基础工作越来越扎实，综合管理水平明显提升。该体系符合铁路这个行业特色，使班组管理在基层的主题更加明确了，可以说大的工作格局就形成了。班组建设的工作机制和管理体系在基层也日趋完善了，按照这个思路，大准铁路公司的岗位职责、作业程序、操作标准、过程记录、绩效考核更加清晰了，形成了一个整体的、有痕迹的链条管理。这使大准铁路公司管理人员在真抓实干、务求实效方面起到了积极促进作用。与此同时，这对提大准铁路公司职工在参与创新创效、增收节支方面的积极性也起到了推动作用。此外，员工的主人翁意识和对企业的归属感，也越来越强了。”

准能设备维修中心工程机械车间主任高连认为：“在‘5821’班组建设体系的辐射带动下，准能设备维修中心工程机械车间创新实施‘1186’班组管理法，推进执行全员绩效考核，以标准作业流程、工时定额以及班组承修设备出动率等多项指标为绩效考核基础，极大地激发了职工的工作积极性，职工的思想从原来的‘等工资’转到现在的‘挣工资’。以前是班组长要求班组成员去干，组员存在给班组长或给车间干的思想，现在挣工时，使‘让我干’变成了‘我要干’。职工主动要求干活儿，干活儿的积极性提高了，车间的管理自然比之前省事了。”

哈尔乌素露天煤矿工务队运行二班班长郭雁斌在国家能源集团检查准能集团班组建设工作汇报会上，以“班组管理标准化让班组尝到了甜头”为题，与大家分享他的心声：“自推广班组标准化建设以来，尽管过程有些磕磕绊绊，从职工的抱怨不理解到慢慢接受，再到大家主动参与其中，提出自己的思考和建议，最后到在生产中实践，中间经历了从磨合到习惯、从认知到认同的一个过程。大家越来越切身体会到了‘标准化’带来的甜头，无论是在管理还是在生产实际中，‘标准化’真真切切地为我们解决了很多实际问题。”

（四）第一批安全管理标准化示范班组走入人民大会堂接受表彰

“5821”班组建设体系是一个管理标准，在创建安全管理标准化示范班组的活动中，“5821”班组建设体系是评先选优的标准，它的八项内容、两个基础保障以及一系列工作方法，是衡量公司各个班组各项工作优劣的“千斤顶”，从而使评选工作更加公平、公正、民主。

准能集团成立了创建安全管理标准化示范班组活动的领导小组和办公室，制定合适的考核细则，评定标准，按照“成熟一家，评审一家”的原则，宣传动员，创建实施，现场培训，跟踪指导。公司 1300 多名班组长在这个标准下，奋力攀登，节节开花。

2014 年的哈尔乌素露天煤矿写下了自建矿以来安全生产 2000 天的惊人数字，但负责班组建设工作的企管部负责人奥博依然不敢松懈，他阅读着公司下发的“创建安全管理标准化示范班组”的通知，整理和收集着多年的班组建设台账，准备从中精选出符合条件的一些班组长上报竞选，琢磨着中国安全生产协会创建安全管理标准化示范班组的定位与哈尔乌素露天煤矿的班组管理法是否相符？浏览完近百张网页，一天，两天，一个星期，两个星期……中国安全生产协会班组委的一位工作负责人与他的鼠标碰撞，他们的“5831 安全屋”与“5821”班组建设体系名称上的近似，瞬间让它们一见钟情。

奥博急急忙忙跑进矿领导办公室，将这一段情缘详细诉说。矿领导同样激动，喜形于色，让他一边将“班组安全屋”的具体内容上传，一边着手矿上百名班组长的选拔，尤其是运输队二班赵鹏的“930E 班组管理法 ”简直就是一个奇迹。

一个满族小伙子，标标准准的煤矿工人，开着一辆“930E”大卡车，居然能创造出一个“logo”。安全航海，他把班组 73 名弟兄的家庭、亲人都当作安全零部件，将他们都装在“930E”的卡车上。他是司机，他把每一天都当作生命最精彩的一天来珍惜、来呵护。

矿领导来到赵鹏班组，对赵鹏说，“好好干，加油干，出彩的时候终于来了！”

半年后，准能集团将基层评选上来的安全管理标准化示范班组，上报中国安全生产协会。2014 年 8 月，中国安全生产协会的安全管理标准化示范班组的评审专家来到准能集团，对上报班组及人员进行现场检查。2014 年 11 月 28 日，由准能集团副总经理黄建军带队，哈尔乌素露天煤矿党委书记李军、公司企管部副经理李雁峰、哈尔乌素露天煤矿企管部负责人奥博带领着哈尔乌素露天煤矿运输队运行二班班组长赵鹏、矸电公司发电部运行一班班长孙茂、选煤厂洗选一车间二工区班长白全忠，以及评选出的安全管理标准化示范班组大准铁路公司车务段点岱沟车站、物资供应处黑岱沟供应站装卸班、哈尔乌素露天矿穿爆队爆破班、哈矿运输队运行三班等班组代表一行走进了人民大会堂。

赵鹏在接到去人民大会堂参会的通知后，激动得睡不着觉。

他站在天安门广场，感悟着，深呼吸着。这个地方对他来说并不陌生，他曾带着父母、妻子、女儿多次来过这里。那时候，他看着人民大会堂充满着敬畏，充满着幻想。今天，他要走进人民大会堂，从来没有想到会有这么一天！

时隔两年后，更让赵鹏激动的是，他代表全国获奖班组长在全国安全管理标准化示范班组表彰会上进行表态发言。

如今，每当赵鹏提起那庄严神圣的一刻，眼神中依然闪动着幸福、兴奋之光。

二 安全管理标准化示范班组那些事儿

2015 年，准能集团正式挂牌成立，从组织架构上确立准格尔区域经济一体化的经营管理模式。

2016 年，准能集团大力践行创新、协调、绿色、开放、共享的新发展理念，围绕建设世界一流清洁能源供应商的目标，保安全、调结构、促改革、降成本、升质量、提效益、防风险，向 12 个方面要效益，全面提高企业发展的质量和效益，推动准能集团班组建设工作进入了一个新的发展阶段。

（一）全国安全管理标准化示范班组现场会在准能召开

2015 年 9 月 8 日，第七届中国班组长论坛暨准能集团班组安全管理标准化研讨会在准能集团召开，来自全国 23 个行业的 200 多名班组长及代表出席了论坛。这是一次与世界最大露天煤矿亲密接触的论坛会，会议围绕“把企业班组作为公共安全的主战场，持续创建安全管理标准化示范班组”的主题，就班组安全管理标准化工作如何走进企业经营管理的大方略，成为杜绝违章、遏制事故的有效管理举措等问题进行研讨。

准能集团作为首批全国安全管理标准化示范班组创建活动优秀组织单位获得者，做出了肯定的答复。在“5821”班组建设体系的引领下，不断完善班组建设管理机制，持续提升班组管理水平，着力打造“五型”班组，让班组这个企业最小“细胞”释放出巨大能量。班组管理不再是一种机制，而是一种对员工价值观的激励、一种能量的释放。

原神华集团副总经理李东向长期关心和支持神华事业发展的各级领导和兄弟单位表示衷心感谢，并向长期奋战在生产一线的班组长代表们道了一声

“大家辛苦了！”

会上，原神华集团副总经理李东回顾了神华集团和准能集团班组建设发展历程，肯定了准能集团班组建设工作取得的成绩，他指出准能集团班组建设工作具有明显特点，准能集团把班组建设上升到战略的高度，从战略角度深刻认识班组建设的重要意义，班组建设管理模式设计科学、分工明确、协同配合；从工资总额中拿出150万元作为班组建设专项基金，专门用于发放班组长津贴和奖励，充分体现了准能集团对班组建设工作的重视。他表示，神华集团将进一步加强职工培训和班组建设，从践行党的群众路线、落实科学发展观和“三严三实”的战略高度，切实抓好班组建设，提高职工自我保安能力，坚决防范各类安全生产事故。他希望来自各行各业的嘉宾在论坛期间交流经验、碰撞思想、开阔视野、增进感情、共同提高、共商企业班组发展大计，共谱基层安全管理标准化新篇章。

李东副总经理说，在劳动用工和技能人才培养上，要加大宣传和引导力度，借鉴欧美等国家连续生产作业倒班人员工作制的优势，在劳动方式上多做研究，对不满足岗位作业要求的人员，进行转岗培训，尽可能将其培养成企业发展的有用人才。

全国人大原常务委员会委员、中华全国总工会兼职副主席、中国安全生产协会班组建设工作委员会名誉主任委员许振超说：“学习研究班组管理经验，创新班组管理方法，掌握班组建设的难点，是促进班组建设的关键。广大班组长在基层起到了兵头将尾的作用。”他充分肯定了神华及准能集团在安全生产中取得的成绩，指出“神华煤矿可以做到不死人”的理念变为了现实。

中华全国总工会书记处原书记、中国安全生产协会班组安全建设工作委员会名誉主席纪明波说：“此次论坛会旨在推广安全管理标准化示范班组创建经验、帮助企业开展创建活动，培养更多的优秀班组长、班组，通过班组推

动去也更好更快发展。"

会上，200多名来自全国各地的与会代表聆听了准能集团安全管理标准化示范班组创建经验，分享了公司"5821"班组建设体系中一系列特色的班组安全管理法，并到现场观摩了特色班组。

一汽－大众有限公司参会人员孙伟说："我通过参加班前会，看到了准能人的精气神，通过比较新颖的班前会形式，例如酒精测试，要把这个好做法带到公司里，让我们领导把这个放到班前会当中，这个是我们向你们学习的。"

宝钢股份有限公司参会人员包翔说："来了以后我们就感觉非常震撼，有很多值得我们学习的地方，我们宝钢有3800名班组长，我们会把这些好的做法和经验推广给他们。"

（二）赵鹏和赵鹏班组火了

"赵鹏——"

"到！"

走进赵鹏班组，映入眼帘的是一面鲜艳的党旗，如一团炽热的烈火扑面而来。作为党员，赵鹏始终牢记入党誓词，他相信作为党的一颗火种，自己一定要把75名工友组合成最有力量的团队，为党的事业冲锋陷阵。习近平总书记说："英雄是核心价值观的载体。"赵鹏认为他的75个工友都是英雄的种子，在党的光辉照耀下，以新时代的新思想，迈向新征程。

在准能集团哈尔乌素露天煤矿，赵鹏的大嗓门与众不同，就像在煤矿坑底敲响的一面大鼓，浑厚而洪亮，在熟悉他的人中辨识度极高。那天，在第七届中国班组长论坛暨准能集团班组安全管理标准化研讨会上发言时，赵鹏就是用这样的嗓门叩击着与会代表的心扉：“我要向许振超学习，要做许振超那样的人！”他声如洪钟、铿锵有力的发言博得满堂喝彩！从此，准能集团优秀班组长赵鹏的名字，连同准能集团班组长创建安全管理标准化示范班组的经验，随着几百名与会者的口口相传，名扬四面八方，成为各地企业班组竞相学习的榜样。

赵鹏在工作的 23 年里，他每天绕着岩石台阶路段往返 200 公里，行驶的路程相当于绕地球 25 圈；23 年里，黑色的乌金将他的皮肤由外及里浸润，让他变成了黑乌金般的铁人；23 年里，他深爱着露天矿的每一寸土地，深爱着每天与他一起开着大车在矿区驰骋的每一位工友，他称呼他们是自己最亲爱的兄弟。

赵鹏班组共有 75 人，负责着哈尔乌素露天煤矿 101 辆作业车的设备生产安全。目前已连续五年创下零事故的优异成绩！有人说，因为他们的班长是赵鹏。

因为爱

2012 年，赵鹏已经担任哈尔乌素露天煤矿运输队二班班长。忙碌的工作结束后，眼前总是浮现曾经事故现场的场景。赵鹏发誓，一定要保护好自己的兄弟，坚决不能让他们受到伤害。

这年冬天，下夜班正在睡觉的赵鹏被一阵阵欢乐的舞曲惊醒，他有些烦躁、生气，爬起来就要冲着正看电视的妻子发火，妻子笑着对他说：“看看人家这生活，多有意思。你这每天除了上班，睡觉，能不能换个活法？”赵鹏盯着画面，想到的却是每日并肩作战的工友。他认为最应该享受这份快乐的是工作在生产作业现场的工友们。班组的 75 人，年龄在 25 岁左右的占一半，工作的单调、重复，使这些年轻人没有了青春的活力，俨然成为“小老头”。赵鹏心疼他们，不想让他们的生活变成这样，可他们却没有时间、精力来休息来放松。

于是，灵感来了！他要把快乐搬进工作现场，要把丰富多彩的世界迁徙到工作中来。赵鹏找来当地有名的文艺编导，自编自导舞韵“江南”，并把舞台搭建在“930E”大卡车上。

“930E”的大卡车高 7.37 米，宽 8.69 米，长 13.5 米，行驶起来犹如在大海中航行，发动机“嗡嗡嗡”的声音好像海浪推动着车轮，上下起伏。此时，在动感音乐的强力震撼下，越发如空中竞技。

赵鹏不但要求工友们都参加，也强烈鼓励矿嫂们参加。这下，整个矿山乐翻了天。一首“江南 style”，一场骑马舞，被 75 个工友舞动得精彩异常。音乐声中，75 个工友仿佛一匹匹脱缰的骏马奔腾在广阔无垠的内蒙古大草原，卷起漫天黄沙，一幅“铁军部队”的沙画艺术完美地呈现在矿山顶上。

沉寂了多少年的矿山沸腾了，视频从腾讯到新浪，矿工火了，赵鹏火了，赵鹏的班组火了。

【旁白】班组长赵鹏是用“爱”把 75 名员工紧紧凝聚到一起，他帮助每一位员工做一个真实、快乐、优秀的自己。因此，他有了一群志趣相投的伙伴，有了一群可以朝夕相处、同工作同欢乐、互相照应的兄弟！一个由众多优秀员工组成的明星团队，才能无往而不胜。

管理创新，为让员工安全快乐

卡车司机倒班工作制，致使人体生物钟紊乱，尤其上早班时迷迷糊糊，没有精神。早班是一天工作的开始，没有一个好的心情，就没有一个好的安全状态。最初，赵鹏每天“叨叨叨”不停地说，这些大车司机根本不听，你说你的，我该打盹还继续打盹。运输队党支部书记张洪利曾是一名军人，他看到赵鹏因为这个事情愁眉不展，便和他商议半军事化班前会管理。安全工作，相当于一场战役，作业现场相当于战场，战场的主力军是谁？是军人。军人有军规、军姿、信念、使命，要学习军人这种军威，要标准化坐姿，要统一着装，要挺胸抬头，才能圆满打好每一场安全工作战役。

为了鼓舞士气，赵鹏创新“半军事化班前会”，班前一支歌。因为军人的歌不是唱出来的，是喊出来的，要想最快地进入工作状态，只能唱歌，提士气，只有这样才能把工友们从困倦状态尽快拉到工作状态，准确地传达班前会的工作信息，工友们在最短的时间内听进去，接受信息，以最快的速度进入工作角色。

赵鹏以“930E”卡车为模型，制作了一个“logo”安全标志，车上贴上了75个兄弟亲人的照片，他认为班组就是由这些家庭组成的，家庭的每一位成员都是班组的成员。每一个家庭都是车上的主要零部件，缺一不可。他的照片放在车头驾驶座，他赋予自己强烈的责任心来承担这一家人的幸福安康。只有一个完整的家庭，才能组成一个完整的设备。每一个家庭的安全，都会影响这台设备的正常运转。家庭安全了，家人就安全了，工作也就安全了。他分时段让职工家属进行跟班体验，让他们了解企业安全重点，加强夫妻沟通理解，促进家庭和谐。一份叮咛，一份温柔，胜过百张责任状的签订，提高安全责任，幸福来自家人、爱人。事实证明，这种方式着实收到了良好的效果，75个工友不但感受到了家人的理解、关心，更感受到了企业对他们的尊重、认可，作为一名国企工人，是多么自豪！

在工作中，赵鹏班组创建出“930E班组管理法”，即“9”到位：责任到位、认识到位、制度到位、检查到位、考核到位、培训到位、文化到位、激励到位、整改到位。“3”确认：班前确认、班中确认、班末确认。班前确认人员状态，班中确认设备运行状态、环境安全，班末确认做好设备排查、隐患排查，对职交接并要求有记录。“0”事故：这是安全生产目标，以强化素质、安全第一、预防为主的方针，实现“零违章，零伤害，零事故”的安全生产目标。“E”是班组终极目标：寓意班组卡车司机一路平安，争创全队第一、哈矿一流标杆班组。他实行动静态作业模式，实现了班组员工自愿、自控、自行、自主的工作状态。

“930E班组管理法”，是准能集团班组建设管理成果的一个缩影，三年时间节约轮胎29条，折合经济价值约1015万元。每年节油194.4万升，直接节约的生产成本高达千万元。之后，他们依次推出“安全管理法”“22步点线点检法”“夹带法”“卡车厢斗防护法”“班前会管理法”“卡车燃油管理法”“卡车轮胎管理法”“班组文化管理法”等管理法。他们全面开展“认知感，荣誉感，满足感，尊重感，回报感，安全感”六感教育，真正实现以人为本，安全第一，从而实现了建矿五年即当年产煤突破年产3000万吨，累积五年突破1亿吨，实现了安全生产无事故，连续安全生产3652天的好成绩。2018年，公司以赵鹏的名字命名，哈尔乌素露天煤矿运输队二班班组为赵鹏班组。

【旁白】只有让工作充满创造性，员工才能真正享受到工作的乐趣；只有让员工从工作中感受到快乐，员工才能迸发工作激情，工作才能优质高效。看来，赵鹏的确深谙此道。

心怀大爱，带员工投身爱心公益

2013年，赵鹏带动班组75个工友加入了企业所在地的公益组织准格尔义工协会，不仅以此丰富枯燥的业余生活，而且让大家通过参与社会公益活动，把学雷锋做好事作为锻炼自我与发展自我的舞台。

9月，他们休假钓鱼时发现一位村民的西瓜销售成为家庭难题，进一步了解后又发现，该村民儿子患有白血病，家庭非常困难，卖西瓜的钱是儿子的救命钱。于是，赵鹏第一时间发出帮扶倡议，在全矿以及各兄弟单位的帮助下，2013年、2014年共为该村民解决11000斤西瓜的销售。从2015年到2016年，他们还为周边一位高位截瘫的村民进行农产品义卖，积极帮其改善生活条件；同时组织“九九重阳、助残秋收解民忧”活动，解决了地方周边孤寡老人、残疾老人的秋收难题。

除了帮周边村民困难户解决困难，他们还拿出时间、精力和钱财去帮教助学。年底，赵鹏与兄弟们为察右后旗大六号小学、红格尔图小学的留守儿童开展新年穿新衣爱心助学活动，驱车800公里，把书包、棉服、文化用品送到留守儿童手中。

2014年1月6日，赵鹏和兄弟们与准格尔义工协会携手走进内蒙古呼和浩特清水河县红旗小学、杨家窑小学、宏河镇小学，共同开展了留守儿童“邻里互助、大爱暖冬”活动，给110名留守儿童爱心捐赠了棉袄、围巾、裤子、书包、学习用品、书籍等，总价值达四万余元。

之后，赵鹏和兄弟们爱心捐助的范围越来越广，2015 年，他们组织策划了“大手拉小手、义工环保”活动，去主要旅游景点捡垃圾，为创建环境文明城市贡献班组力量。

每一次公益活动后，赵鹏在班前会上都要引导员工展开讨论，面对太多的弱势群体，我们将如何定位自己的人生价值观，如何克服自己的焦躁不满？从 2013 年至今，赵鹏班组的员工分别获得准格尔义工协会颁发的“优秀义工”“最佳企业贡献奖”荣誉称号。2015 年秋天，赵鹏班组兄弟王殿凤被准能集团评为首届“道德模范”。在颁奖晚会上，当王殿凤捧着鲜花站在领奖台上时，赵鹏浑厚而高亢的声音响起：“弟兄们！起立，向道德模范致敬！”台下 20 多个小伙子齐刷刷地站起来，向舞台中央行注目礼！2016 年，赵鹏班组被鄂尔多斯市妇女联合会授予“全市关爱儿童工作先进单位”荣誉称号。

工人日报、班组天地及神华能源等纷纷对其进行了报道，赵鹏火了，赵鹏班组火了。

【旁白】盖洛普公司曾用 25 年的时间，对全球 700 家公司的 200 多万名员工进行过调查，调查结果发现：决定员工去留的最大影响因素是他们的顶头上司，而不是公司的福利政策和利润分享计划。该公司高级副总裁马库斯·白金汉先生解释说：“如果你的主管理解你、信任你，对你寄予厚望，并且乐于对你投资，那么，即使公司没有发放红利，你也不会在意。”对赵鹏班组的员工而言，赵鹏，就是他们心目中那个值得信任和跟随的好顶头上司。

（三）火的班组还有……

如赵鹏班组一样名冠企业、知名度飙升的班组还有准能集团黑岱沟露天煤矿运输队剥离运行一班、设备维修中心发动机车间大修班、哈尔乌素露天煤矿采掘队运行一班、大准铁路公司工务段燕庄线桥工区、车务段大红城车站、哈尔乌素选煤厂洗选车间三工区、准能集团治安保卫处消防大队黑岱沟中队等。

参加工作那天，梁勇就给自己立下了人生格言：“要做一名最牛的发动机修理工！”如今，参加工作 12 年、始终在一线苦心钻研的梁勇，不仅兑现了自己的人生格言，而且还获得了全国技术能手、全国五一劳动奖章等荣誉。

2012 年秋天，练得一身高超技艺的梁勇，从一名普通发动机修理工成长为班组长，从此，要让一班人走得更远、飞得更高，就成了梁勇肩上沉甸甸的责任。

设备维修中心发动机车间钳工二班负责准能集团所属两大露天煤矿自卸卡车和工程机械设备发动机的大修理工作，其中 2700 马力的世界级矿用大马力发动机修理是他们的工作重点。作为公司采、运、排各类大型设备“心脏”的重要维修岗位，钳工班组成员必须有强烈的责任心，必须在最短的时间排除故障，恢复作业，否则耽误 1 小时就是几十万元甚至上百万元的经济损失。

刚当班组长时，梁勇有些发愁：班组职工年龄参差不齐，技术水平有高有低，班组里没有建立内业台账，各项管理制度有待完善，职工精神状态不佳，工作上也是推一下就动一下，缺少主动性。如何才能改变现况呢?

几经思考后，梁勇决定用员工可以接受的管理方法，理顺大家的心气，提升大家的精气神。于是，轮值班组长活动在班组里开展起来了，在活动中，大家体验到了当班组长的不易，掂出了“责任”二字的分量。紧接着，他在班组里推行班务公开，强化民主管理，把大家的注意力吸引到班组自主管理上来。

钳工二班是维修班，员工技术能力的高低对完成任务至关重要，于是，当班组的氛围有所改善、员工的积极性被调动起来后，梁勇又在如何提升员工技术能力上动起了心思。他编制出台了设备包机维修制度，加强班组职工技术培训，在这方面，他采取高师带高徒的方法，一对一培训，缺什么补什么。他还结合检修任务的特点，在分工时有针对性地对新老员工进行合理搭配，让他们在干中学、学中干，共同提升检修技能。在梁勇的影响和带动下，班组组员养成了善于思考、独立解决疑难问题的工作习惯。在大家的眼里，梁勇是前行的航向标、技术的动力源，员工们说：有梁勇在，大家干起活儿来有劲头。

几年前，陆续投产的37台MT5500自卸卡车和该卡车配备的康明斯QSK60发动机都即将进入大修期，由于该发动机为新一代双级涡轮增压电控发动机，高达2800马力，是黑岱沟和哈尔乌素两大露天煤矿大型卡车的主要动力源。其机体体型庞大、电控线束稠密、结构复杂、维修难度大。目前国内只有康明斯厂家能够维修，但是，他们垄断了该系列发动机的全部技术，独揽维修，不仅成本费用巨大，而且在时间、费用、运费方面十分被动。

面对自己心爱的设备出现了如此棘手的问题，梁勇和他的班组成员既心疼又着急，之后的日子里，此问题成了梁勇的一块心病。他多次与车间的老师傅探讨交流攻关方案，并将自主进行大修攻关的想法向车间领导进行了汇报，梁勇得到的答复是肯定的："有条件我们要攻关，就算没有条件我们创造条件也必须攻关，这是唯一的办法。"

至此，发动机车间成立了攻关组，钳工班成员都参加了对MT5500自卸卡车发动机首次大修，经过8个月的奋战，他们顺利攻克了大修攻关任务，发动机投入使用后效果良好。据计算，自修一台该发动机直接节约人工费、运输费等20余万元。这次大修让车间检修人员在维修技能方面有了新的突破，给以后该类型发动机的现场故障处理和整机大修打下了坚实基础，填补了准能集团自主大修该类发动机的空白。

为了降低维修成本，打破国外技术垄断，他们在准能集团上级部门的支持下联合中国中车集团，进行QSK60发动机活塞、汽缸套、活塞环、活塞销等配件国产化开发。如果发动机大修整机全部使用国产化动力组件，单机可减少成本 26 万元。通过他们和厂家的共同努力，成功完成了首次配件试验，试用配件从 2017 年 5 月装车到目前为止共运行 3000 多小时，技术状况良好。首次配件试验的成功为今后的国产化配件开发工艺建立了强有力的技术保障，最重要的是缩短了配件采购周期，提高了检修效率。

为追求精益求精的工作技能和卓越的工作品质，实现班组检修作业标准化，梁勇带领大家又创建了“432”标准作业管理法。“4”，是指作业前准备“四化”：办理工单明确化、劳保穿戴齐全化、工具配件专业化、现场交底会规范化；“3”，是指作业中执行“三有”：作业有程序、操作有标准、质量有监督；“2”，是指作业后保证“二清”：清理工器具和工作现场、清楚汇报工作。发动机大修时，班组执行检修工艺单制度，教育职工使用科学的工作方法和技术手段进行高标准装配，现在已经形成了“一项一签字”的工作记录模式，确保班组的设备维修质量达到“自己信得过，领导信得过，单位信得过，设备使用者信得过”的四过关原则。

如今，该班组在梁勇的带领下，先后获得中国安全生产协会评选的全国安全管理标准化示范班组，中国煤炭工业协会评选的“质量信得过班组”，原神华集团煤炭班组建设“百强班组”荣誉称号，班组 QSK60 发动机整改项目获原神华集团青年创新创效成果二等奖。

【旁白】从梁勇当班组长的经历中我们已然看到：一个有管理思想且有领导力的班组长，不是要把员工变成像机器人那样听话的工具，而是靠自身的领导力、影响力和行动力，把员工变成更具执行力和创造力、自觉向团队靠拢、努力与团队一起成长、共同创造业绩的个体。

通过“5821”班组建设系统在班组落地，通过用标准化创“五型”班组的战略在班组具体化、细节化、目标化的践行，通过安全管理标准化示范班组在全公司班组的持续创建，准能集团涌现出一批像赵鹏班组、发动机车间钳工二班这样可圈可点的特色班组。比如，创造出演绎大型矿用运输卡车安全行车动漫视频《漫说“九哥”与“小弟”》的黑岱沟露天煤矿运输队剥离一班，被喻为“小太阳释放大能量”的大准铁路工务段燕庄线桥工区，有着军人般意志、纪律和责任、担当的“矿山特种兵”消防大队黑岱沟中队……这些班组只是准能集团上千个班组的缩影，正是因为集团有了“细胞激活”战略，正是因为在这一战略下一批优秀班组的崛起，才有了准能集团在持续创新中一步步发展、一步步壮大、一步步辉煌的今天和未来！

（四）准能的管理标准化在全国企业不胫而走

准能集团创建的“5821”班组建设体系让鸡爪子山不再寂寞。

“准能集团不只是班组建设做得好，从上到下每个层次、每个环节都是标准化，包括班组建设体系，有可操作性和可复制性。”在准能集团召开的“第七届中国班组长论坛暨神华准能集团班组安全管理标准化研讨会”上，许多与会者在听取了准能集团的经验介绍、观摩了班组建设现场后感慨地说。该会议落幕不久，许多知名企业就慕名前来观摩学习准能集团标准化建设经验，为此，准能集团和一些企业成为经常走动、时常交流的“好友企业”。

第二年夏天，中国煤炭工业协会“乌金蓝领”班组长素质强化培训班的87名学员，就“5821”班组建设体系引发的一系列效应来集团公司观摩学习；8月，中国安全生产协会班组安全建设工作委员会副主任委员兼秘书长夏晓凌一行再来集团公司调研，在“回头看”公司班组安全管理标准化建设成效时，她说：“准能集团班组建设，顶层有战略部署，底层有战术规划，上下贯通、巧妙结合、一气呵成、彰显力量，看看各基层单位层出不穷、各具特色的班组管理法，就知道全面开花的标准化管理有多大威力了！”

当年10月，中国煤炭工业协会设备管理分会露天设备专业委员会，组织来自全国大型煤炭企业集团、科研机构、设备制造业的56家单位的120余名代表，来准能集团观摩交流，对准能集团的班组建设纷纷给以好评。

2016年年底，“全国煤炭企业管理创新成果发布会”在准能集团召开。会上，中国煤炭工业协会对获奖的173项成果单位进行了表彰，集团公司，《大型煤炭综合能源企业“5821”班组建设体系的构建与应用》获一等奖，《经济核算型班组建设的创新与实践》获二等奖。

紧接着，由《红旗文摘》杂志社和集团公司共同主办的“国有企业党建工作座谈会”在集团公司召开，准能集团“创建和谐型企业、创建和谐型班组”的一系列举措，又一次得到外界的好评。

由新华社、经济日报、工人日报、人民网、中国国土资源报、国资委新闻中心、中国矿业报等多家国内知名媒体记者组成的媒体采访团也走进准能，对集团公司“绿色发展”成果进行采访报道，媒体记者共同见证了集团公司两矿作业现场、绿化复垦区、炸药厂厂区、企地共建农牧业基地等建设发展情况，“5821”班组建设系统中的标准化管理在各基层企业的广泛应用和所获得的实效，自然是这些报道中浓墨重彩的一笔。

【旁白】问渠哪得清如许，为有源头活水来。可以说，准能集团的今天，是准能上下目标一致、同心同德、协力奋斗、战略与战术精准配合的结果。

世界管理大师、英国的斯图尔特·克雷纳在写完《管理学的世纪》之后曾苦恼地说：“管理学似乎找不到一个确定的答案，总是有那么多问题没完没了地出现在人们面前。”但在准能，对此却有一个全新而明晰的解释：管理就是解决问题，适合自己的、能帮自己解决问题的，就是最好的；能得到上下认可并一起努力践行的，就是最好的。

世界上另一位管理大师、美国的德鲁克认为，管理者的见识、奉献精神和诚实的品行，才是决定管理绩效的首要条件。可以想见，如果没有管理者对员工的爱，如果没有管理者对细胞激活的顶层设计，那么，又怎么能有今天的“5821”班组建设系统、又怎么有标准化管理呢？

善于发现、善于调整和改变、善于求新创新，这是企业基业长青的发展智慧！探索、发现和勇于转变的精神，恰恰是当代中国的企业家们所需要学习和具备的。

第六章

巨擘

企业的成败在于能否创新。没有创新，就不可能有合理的，尤其是有效的管理。

要创建“五型”企业，须先做好基础性工作——创建“五型”班组；要创建“五型”班组，须先建立一套集团上下认可且操作性强的创建标准，而公司创建的“5821”班组建设体系，就是一个指导各班组创建“五型”班组的管理标准，是启动创新思维后产生的管理创新成果。

持续创新，就是准能集团创立“标准”的巨擘！

习近平总书记强调：“创新发展理念是方向，是钥匙。”准能集团迎着这个方向，揣着这把钥匙，从“五型”企业，一路前行，向“智慧”企业进军。

一 创新思路产生创新方法

2016年1月29日，准能集团开创了创新发展、再创辉煌的新局面。这一天，准能集团隆重召开了首届科技大会。集团公司领导、公司机关相关部门及二级单位党政负责人、受表彰的先进单位、集体代表和先进个人怀着激动的心情参加了这次科技盛会。这次大会的召开，对准能集团科学发展、转型变革、产业升级、万众创新产生了重要而深远的影响。同时，也激发了广大班组职工积极参与创新的热情，加快了“5821”班组建设体系中一系列创新方法的丰富和完善。

在这次科技大会上，杨汉宏董事长提出了“坚持科技创新和绿色发展双轮驱动的发展思路”。同时指出，要把科技创新工作摆到公司发展的核心位置，坚持把科技创新作为公司发展的首要推动力，坚定不移地走技术创新的发展道路，保持基业长青。杨董事长提出的发展思路全面落实了党的十九大报告提出的“加强国家创新体系建设，强化战略科技力量”“加快生态文明体制改革，建设美丽中国”的发展理念。

2017年1月22日，准能集团九届一次职代会、2017年工作会、政治工作会、安全工作会、科技工作会暨表彰会隆重召开。对准能集团来说，这是首次将科技工作会纳入公司年度工作会统一召开。会上，杨董事长用坚定的语气要求全公司“要迅速掀起创新、创效高潮”，这也是准能集团积极响应李克强总理提出的“大众创业、万众创新”的具体体现。

(一) 企业的创新机制很诱人

是什么让昔日人迹罕至的荒原变成了现代化能源基地?

是什么让沉睡千年的滚滚乌金变成了造福人类的盏盏明灯?

是什么让沟壑纵横的鸡爪山变成了国家矿山公园?

这，是一代代准能人艰苦奋斗的结果，是一代代准能人不断创新的结果，是一代代准能人披荆斩棘、呕心沥血的结果。

一直以来，准能集团从管理创新到科技创新再到考核激励机制的创新……诱人的创新机制正以巨大的吸引力，激发着班组员工在创新的大道上向前奔跑。

管理创新：求新思变之路

在瞬息万变的经济形势下，企业只有不断变革，才能适应市场变化和自身发展战略转型升级的要求。在注重生产、经营、安全等各项工作的同时，集团公司也在深入研究和解决工作中的新情况、新问题，勇于突破不合时宜的观念、做法、体制和机制，使改革创新成为全集团公司自觉的思维理念、行为方式和目标追求。

人事改革打破铁律。“干部能上能下、人员能进能出、工资能增能减”，这是准能集团正在积极探索的国企改革之路。通过实施处、理级管理人员调整岗位，转任非领导职务，人事改革打破“只能上不能下”的铁律。对于班组长管理，部分单位实行了班组长年轻化改革，以便适应新时代新要求，充分发挥年轻人思维活跃、电脑应用技术强、工作热情高的特点。

党建得分有减有加。激发党员在基层班组中的先锋模范作用，强化基层党支部战斗堡垒作用。准能集团通过对党群目标化管理考核细则进行修订完善，在具体条款和分值设置上进行了大幅度调整，重新划分了考核分数分配比例，将原来的扣分机制改为加分机制，并且首次增加了科技加分项，根据各单位党建工作的创新性给予不超过 10 分的加分。

“董事长、书记信箱”：创新领导与员工的沟通方式

准能集团改版升级“董事长、书记信箱”，为广大职工提供了一个敢言、善言、积极建言的平台，同时，集团公司不断注重完善“信箱”的各项制度，规范“信箱”运行管理，更注重落实，及时解决问题，回应职工的诉求。“董事长、书记信箱”的改版升级大大提高了职工满意度和企业公信力，推进了集团公司的民主建设和作风建设，为企业的和谐发展贡献了力量。

【旁白】如果说“客户满意是质量管理的最高目标”，那么，群众满意就是变革求新的重要目标。准能集团的一切变革都是为了公司的持续发展，为了让全体员工能够生存下来而且有所作为。在变革的路上，准能人凝心聚力，携手并进，一起推动着企业和谐发展。

完善科技创新机制

科技创新机制得到完善了，创新人才建设不断被强化了，创新的企业文化被丰富了，知识产权和企业标准建设受到重视了，科研项目得到科学管理了……一系列有关科技创新工作的举措在准能集团迅速推开。

科技创新工作持续推进。科技创新工作是推动企业发展的根本动力，是实现转变发展方式的必然要求，是推动企业和员工共同发展的根本道路，是个人技能职业生涯发展的必经之路，是十百千人才工程的基本要求。公司在科技创新工作推进会上再次明确了科技创新工作的重要性。并详细对全公司的科技创新工作进行了部署，形成了分管领导亲手抓；主管部门集中抓；因地制宜，全员全方位抓；激励、考核机制系统抓；各单位各部门协同配合抓的科技创新工作机制。

科学技术研究院全面推进科技创新工作。怎么才能将公司煤、电、路及循环经济产业的创新成果统一管理、协同发展呢？怎么才能提高公司科学技术成果总结、提炼、申报能力呢？怎么才能为公司搭建一个统一的、专业的科技管理、技术资源整合和创新发展的平台呢……准能集团高层领导一直在思考着这些问题。

思考的结果就是：决定成立科学技术研究院，解决准能集团科技创新工作体制、技术、经济等方面存在的问题，破解障碍，补齐短板，培育创新文化，提高创新能力，为公司创新驱动和可持续发展提供科学技术支撑。

科学技术研究院从煤炭、洗选、机电及铁路、发供电、辅助生产及综合5个板块开展科技创新工作，为公司科技发展战略、发展规划和年度科技工作制订计划，编制公司科技创新经费年度预算，确定重大技术研发方向；负责科研项目的申报、论证和报批，以及科研项目实施过程的管理；组织科研成果、技术服务的实施和推广应用，负责包括专利、技术标准和技术秘密等在内的知识产权的管理；组织科技交流与合作，研究和引进国内外先进技术。重点解决公司在创新创效领域中遇到的技术难题，并开展前瞻性技术研究与推广。

就这样，一个系统的、专业的科学技术管理机构成立了，为准能集团的创新驱动和可持续发展提供科学技术支撑。从此，上报神华集团、自治区、行业、国家的科研项目增多了，准能集团的创新、创效工作不断攀升新高度。自 2016 年成立以来，2017 年成功申报行业级科技项目 1 个、省部级科技项目 1 个；2018 年获得国家能源集团科学技术一等奖项目 1 个、二等奖项目 1 个。

撬动创新的支点已开始震动，传递运动和能量的波纹正在扩散。

“现场混装煤粉铵油炸药制备研发与抛掷爆破优化”科技创新项目技术研讨会召开了！

黑岱沟露天煤矿边帮煤回收技术研发及示范项目评审会召开了！

矸电公司 CFB 机组技术研讨会召开了！

……

科技创新之花在准能集团一朵朵地盛开了，开得越来越多、越来越美。

职工创新工作室发挥示范联动作用。准能集团职工创新工作室作为人才的孵化器、岗位的创新源、项目的攻关队、团队的方向标和企业的智囊团，深入开展了推动群众性技术创新活动。大力推进职工素质工程建设，充分发挥高技能人才（劳动模范）在创新驱动中的示范引领、骨干带头作用，调动广大职工参与经济技术创新的积极性、主动性和创造性。

创新工作室由公司工会、科学技术研究院等部门共同评审认定并进行考核。实行统一管理、分级负责、自主创新、注重实效、动态考核的管理原则，形成党委领导、行政支持、工会组织、职能部门指导、技术带头人负责、广大员工积极参与的工作格局。

创新工作室围绕公司生产经营管理的重点、难点，以创新为核心，以具有较强创新能力及组织协作能力的各级劳动模范、五一劳动奖章、技能大师等技能人才为带头人，以专业技术人才和技能人才为主体，以服务公司科学发展、跨越发展为目标，以降低成本、节能减排、技术改造、技术革新、安全生产、劳动保护等为主题，积极开展技术攻关、管理创新、服务创新、发明创造、技术交流、技能培训、师带徒等活动，推广普及先进的创新理念、技术和工作方法，培养创新型和实用型人才，为全面提高职工技能素质、增强公司核心竞争力、促进公司战略目标的顺利实现发挥应有的作用。

创新考核激励机制

是什么让准能干部职工坚定了“省下的就是赚到的”这一共识？是什么让准能的基层班组和职工养成了“班班理财，人人算账”的自觉行为？又是什么让广大干部职工由“干了算”变为“算着干”？

是准能创新的“433”工资结构分配机制改变了这一切。

准能的“433”工资结构分配机制调整了绩效考核和激励分配政策，以安全生产为前提、以效益和价值创造为导向，激发员工创新意识和工作能动性。

“4”，是工资总额的 40% 与安全生产考核挂钩，继续强化工资分配与单位安全生产、与员工个人安全行为的挂钩考核力度，全面促进员工的自觉性和自律性；“3”，是工资总额的 30% 与单位的生产经营指标考核挂钩，按月分解关键生产经营任务指标，实行月考核月兑现的分配政策，将经营压力传导到每个岗位和每名员工，激发广大职工的工作主动性和积极性；“3”，是工资总额的 30% 为职工完成岗位工作（劳动）的基本保障工资。

“433”工资结构分配机制将工资与月度考核挂钩，实行多劳多得、少劳少得，职工由过去的“发工资”转向现在的“挣工资”，有效地提升了员工的创新意识和工作热情；采取专项奖励、评选明星员工、表彰创新创效能手等激励政策，大大增加了员工的工作积极性和参与降本增效、创新创效的主动性。

考核以来，该矿人均月工资差距最高可达到 3000 元左右，职工的工作态度有了很大转变，工作积极性、责任心有了极大提高，从思想上真正认识到，成本指标的完成是同每一个人工资挂钩，每一个动作都是消耗，多余的动作就是浪费，真正做到多劳多得、少劳少得、节约有奖、浪费受处罚。

【旁白】从技术创新到管理创新，从部分人参与创新到班组职工全方位参与创新，看得出，准能集团已逐渐将创新基因深植于企业，深植于班组。创新思路和创新行动成就了“5821”班组建设体系，而“5821”班组建设体系又为方兴未艾的班组职工创新一路上保驾护航，从而形成班组创新的良性循环。

（二）发动班组职工提供创新性思路

“瞄准一流、追求卓越。”

准能集团的管理创新动力机制已经建立。

如何发动班组职工积极参与创新，提供创新思路，成了准能集团各级管理层共同思考的问题，并且提出了很好的解决方法。

在公司层面，形成了创新驱动发展的战略目标，健全了科技创新体系，整合科技资源，搭建了全员创新平台，为公司开创科技创新工作新局面奠定了基础。

各二级单位，通过强化创新管理，完善创新考评、监督机制，严把创新质量关，做好创新成果立项、设计、完成、申报工作。

车间（段 / 队）层面，要做好激发广大职工参与创新的热情和积极性，激励劳模、技术能手、岗位标兵等创新人才带动全体职工立足岗位破解生产、建设及管理难题，创新工艺流程将软实力转化成实实在在的高效益。

就拿管理创新来说，准能集团诱人的创新机制和激励方法已经建立，推动创新的号角已经吹响。广大干部职工以破竹之势积极投身到管理创新中，很多班组开始对自己的管理方法进行总结归纳，班组职工开始主动参与班组管理，提一些好的建议和意见，形成了一些好的管理方法，不断丰富、升华着“5821”班组建设体系。

班组“精打细算”成本管控法

“‘精’就是指设备管理要精，通过设备包机到人，做到点检精、保养精、检修精，杜绝故障扩大化，努力减少突发性故障。‘打’是指计划打算要准，通过认真填写检修记录，参考设备技术手册，努力做到检修计划、配件计划制订准确，达到提高设备出动率，降低库存的目的。‘细’是指管控措施

要细，通过明确包机人、现场检修负责人职责，严格考核奖罚，努力做到经营考核细，修旧利废、交旧领新管理细，不断提高全员成本管控意识，扩大自修范围。‘算’是指账要算得全，也就是做好月度预算、月度核算、月度分析，达到查找机电管理弱点，制定改进措施的目的。重点算好三笔账，一是班组经营一笔账，能够准确反映班组机电经营管理状况；二是修旧利废一笔账，能够直接反映班组创造价值；三是员工心中一笔账，能够体现个人价值，提高员工成本节约积极性。”这是设备维修中心工程机械车间检修一班张永在一次公司经营分析会上的报告内容，时任神华准能集团财务总监陈新寰听了汇报，给予了高度评价，觉得作为企业最基层的管理组织，能有这样好的成本管控方法，他很赞同。

张永是一名来自偏远山区农村的年轻小伙子，2006 年毕业来到准能集团设备维修中心工程机械车间从事工程设备检修工作。张永踏实、肯干，很快从一名普通钳工成长为班组长，带领着 20 人的团队负责 12 台 D11T 履带式推土机的大、中、小型检修及日常维护保养工作。

随着公司管理精细化要求的提高，班组成本管控成为整个公司生产成本开支的源头，这也就很自然地将班组成本管控提到了很重要的位置。严控成本的压力不断增大且成本分解落实到个人。张永作为班组长接到了这样的任务，不知所措，他曾经苦恼过、挣扎过，甚至有一些抱怨。但经过班组内激烈的讨论，终于达成成本管控法这一措施。

通过一段时间的试用，张永感觉效果不错，主动向车间、中心汇报了班组成本管控方法和效果，得到了领导的认可。

在准能集团千余个班组中，像这样发动班组职工提供创新性思路的例子还有很多，如哈尔乌素露天煤矿穿爆队马新虎班组创新爆破方法——改变装药方式。在这项危险的工作中，毕业于安徽理工大学弹药工程与爆破技术的马新虎利用自己的专业所长和钻研精神，与班组75名兄弟积极思考，创新性地形成了轰水法、间隔器装药法、乳、铵混装法、起爆具绑扎法，为公司节能降耗工作创新思路、创出效果。

【旁白】 英特尔公司前CEO安迪·葛洛夫曾说，可持续竞争的唯一优势来自超过竞争对手的创新能力。我国大多数企业都有共同的认知，即创新是公司发展的唯一出路。然而，对创新重要性的认识到位，并非就能说明在现实中行动到位。知易行难圈住了许多人创新的脚步。准能集团的与众不同之处就在于，在创新行动上，管理者表现出“力拔山兮”的领导力，班组职工则表现出“踏石留印”的执行力！于是，班组成了创新成长的沃土，职工成了创新发展的种子。事实证明，我们国家提倡的“万众创新”在企业只有落地班组，才能迸发出蓬勃的生命力。

（三）全员参与管理创新原来是这样

一个好的机制会产生很好的裂变效应。在准能集团良好的创新机制驱动下，从公司高层到一线广大职工，参与管理创新和科技创新的热情如雨后春笋、遍地开花。

管理者带头创新

宋日——为了责任和使命

准能炸药厂是中国最大的散装炸药生产基地。拥有行业内一流生产工艺技术，连续八年被评为神华集团本安一级建设单位，在科技创新方面硕果累累，抛掷爆破的顺利实施、低密度铵油炸药研发，液态硝酸铵的使用、利用废机油生产现场混装炸药……这一桩桩的科研成果完成了从实验室到生产现场的华丽转身，为公司创造了数以千万计的经济效益。这些成果，凝聚

着炸药厂职工的辛勤汗水，更是该厂领头人、享受国务院特殊津贴、神华集团2014年劳动模范、准能集团炸药厂厂长宋日倾力抓安全、科学管理、致力创新的结果。

作为一名从事民爆事业28载、拥有教授级高工职称的企业管理者，宋日将科技创新完美融合于企业的日常管理中，将创新驱动发展作为炸药厂的发展动力。他常常说：“作为一名科技工作者，要在工作中将知识转化为技术，技术进而转换为产品，这才能体现知识的价值。”秉持着这一信念，他在工作中不断探索、孜孜不倦地追求。在露天矿决定引进抛掷爆破技术时，项目能否顺利实施，取决于在预裂爆破中低密度炸药的研发。面对外方的技术封锁及苛刻的转让条件，宋日决定带领团队研发，利用创造性思维冲破固有的研发方式，在不到六个月的时间里，顺利完成了技术攻关，在节省巨额转让费的同时，保证了黑岱沟露天矿抛掷爆破的顺利实施，彰显了中国科技工作者的志气。这样的创新事例，在宋日28载的民爆生涯中数不胜数。

天道酬勤，宋日在科技创新方面孜孜以求，使他获得国家科技进步奖1项，国家发明专利5项，自治区级科技进步一等奖一项。而且在管理方面也不断成长，如今已经是准能集团副总经理。

郭昭华：国务院政府特殊津贴获得者的“特殊”

2017年10月25日，何梁何利基金2017年度颁奖大会在北京钓鱼台国宾馆举行。准能集团副总经理郭昭华因在煤炭开采和伴生资源综合利用研发及工程实践方面做出了突出贡献，荣获2017年何梁何利基金科学与技术创新奖。

何梁何利基金在我国科技界享有盛誉，是由香港爱国金融实业家何善衡、梁銶琚、何添、利国伟在1994年共同捐资设立的公益性科技奖励基金。

2004—2017年，郭昭华创建了粉煤灰中有价元素盐酸法协同溶出、分离纯化及高值化利用工艺技术体系，攻克了盐酸浸出分离纯化、适应工艺的材料和设备、环

保重大技术难题，在世界首次研发出了粉煤灰中有价元素高值化利用“一步酸溶法”工艺技术，主持建成了世界首个粉煤灰盐酸浸出法生产每年4000吨氧化铝及配套镓工业化中试装置，正在筹建工业化示范项目。

提起郭昭华，除了神华准能集团有限责任公司副总经理的身份，他还是内蒙古科技大学矿业研究院的硕士生导师，曾获得国家科技进步二等奖2项、省部级一等奖6项、国际专利4项、国家专利59项、出版专著2部、发表论文39篇……这一串串数字正是他在露天煤矿开采及煤炭伴生资源利用技术研发和工程实践方面成绩的有力证明。

郭昭华从事露天煤矿开采科学研究与生产工作30多年，先后主持我国多个特大型露天煤矿开采，攻克了采矿中高效、安全、环保、生态等一系列关键技术，创新了露天开采理论，取得了一系列国内外首创、国际水平的标志性成果，并在我国多地成功应用，对推动我国露天煤矿综合开采技术进入世界先进水平做出了重大贡献。这30年来，他被评为我国露天煤矿开采科学研究领域专家，先后担任中国爆破学会理事、中国煤炭协会理事、中国露天采矿专业委员会委员，全国煤矿安全委员会委员、理事，露天煤矿安全专业委员会常务理事等职务。

2017年，郭昭华荣获了国务院政府特殊津贴。

张勇：现代化矿山的“领跑者”

时任矿长张勇从集团公司董事长手里接过“黑岱沟露天煤矿年产原煤突破3000万吨”的奖牌时，会场响起雷鸣般的掌声。这既是对张勇个人业绩的肯定，也是对他领导下的黑岱沟露天煤矿的最高褒奖。

的确，在张勇任矿长的6年多时间里，黑岱沟露天煤矿获得的荣誉不胜枚举，从安全到生产，从科技到环保，从管理到经营，每一项都倾注了他的心血。6年来，黑岱沟露天煤矿多项经济技术指标创造了国内露天采煤业的新纪录，成为国内同行业的“领跑者”：国内露天煤矿采剥总量第一、连续五年特级高产高效矿井、全国煤炭工业双十佳煤矿、国家级安全质量标准化煤矿、国土资源部首批“国家级绿色矿山试点单位”，张勇本人被评为全国双十佳矿长……

骄人业绩来之不易，背后的付出常人难以想象。随着集团公司煤炭产量增幅逐年加大，面对设备老化严重、坑下生产接续紧张、采煤工作线短、安全压力大等短期内难以彻底解决的困难，通过优化采矿方案，实施成本管控联动，提高回收率，充分利用科技保安措施，使黑岱沟露天煤矿成为准能集团跨入集团煤炭板块方阵的前列，这期间，张勇的辛酸苦辣是别人无法体会到的。

2375 万吨、2549 万吨、2632 万吨……黑岱沟露天煤矿原煤产量逐年攀升，各方面压力逐年加大。到 2011 年，黑岱沟露天煤矿实现了安全生产 2074 天、成为国内首个单矿年产 3000 万吨煤炭的特大型露天煤矿，在中国煤矿建设史上树立了一座里程碑，这也铸就了张勇这个国内煤炭行业的“领跑者”地位。

然而，与该矿的产能和声名相比，它的信息化建设显得力不从心。张勇从调度日志的计算机管理入手，开始了露天矿的信息化建设工程，短短几年，先后完成了调度管理信息系统、生产现场监控系统、露天矿运输车辆交通预警系统等管理软件的开发与应用，实现了生产数据资源共享，生产现场实时反馈，延伸了现代化管理触角，提升了科学管理水平。

黑岱沟露天煤矿的数字化、信息化矿山建设经过几年的努力，有了很大的进展。由露天矿剥、采、排与土地复垦综合预控技术研究；现代化露天煤矿设备故障诊断技术研究；准格尔现代露天矿开采工艺技术研究等一系列专项技术攻关与创新，使黑岱沟矿正在逐步向“设备大型化、工艺简单化、管理数字化、复垦园林化、发展持续化、效益最大化”的方向迈进。

创新路上明星荟萃

2016 年 4 月 27 日，准能集团“奏响时代强音、共筑美丽准能”劳动模范、明星员工第四场巡回宣讲在会议中心举行，集团公司领导、机关部室、直属单位近 260 名职工聆听了宣讲。

宣讲中，宣讲团成员为大家讲述了明星员工宋日、张丁、董新、马云普、刘利波、尚有全依靠科技创新、实现价值创造、与企业共同成长的故事，与大家分享了明星员工如何通过科技创新，为集团公司实现降本增效、提质增效的思路和感悟。宣讲团成员还通过鲜活的事例、感人的故事，为大家讲述了劳动模范牛忠平、吕胜、张牛毛吃苦耐劳、勇于担当、甘于奉献的先进事迹。

劳动模范扎根基层、爱岗敬业、甘于奉献的精神，明星员工立足一线、勇于创新、精益求精的态度，深深感染了到场的员工。大家都为劳动模范和明星员工不畏艰难锐意进取，在平凡的工作岗位上铸就出彩人生点赞。

精于操作型——马云普的吊斗铲情缘

马云普，与吊斗铲相互守护十载，从最初的吊斗铲“白丁”迅速成长为熟练掌握吊斗铲工艺的机长，攻克了一项又一项技术难题，填补了国内吊斗铲操作技术方面的空白，创造了一笔又一笔财富，为公司的发展做出了卓越的贡献。

2007 年，我国引进了首台吊斗铲在黑岱沟露天煤矿组装试运行。马云普以其高超的电铲操作技能和丰富的工作经验，被推选为首任吊斗铲司机并担任机长。第一眼看到吊斗铲，马云普就深深地爱上了这台设备，在外方人员进行培训期间，马云普与吊斗铲形影不离，虚心向外方人员学习，经常在高达 90 分贝的机房内，对照图纸反复记忆并深入了解各结构部件、按钮、阀门的功能和作用。下班回家，他对照学习笔记，及时消化理论知识，并查阅资料学习机械、液压系统的新知识，熬夜到凌晨对他来说是家常便饭。

在与外籍司机学习操作技术时，细心的马云普发现，吊斗铲进行砍帮作业时，随着下挖深度的增加，经常出现吊斗铲作业台阶边缘磨损回拉绳现象。为了减少回拉绳消耗，马云普与机组人员经过几个月的摸索与实践，大胆提出：在砍帮作业时，先将侧面挖掘到砍帮位置，使地面台阶边缘形成陡坡，避免回拉绳磨损。经过近一年的运行，每组回拉绳的生产能力达到了 200 万立方米以上，之后还创下了 320 万立方米的新高。仅回拉绳一项，每年就为露天矿节约生产成本 150 多万元。

不断地探索和实践，使马云普及其机组人员的操作技能和处理问题能力快速提升，完全能够独立操作设备。于是，黑岱沟露天煤矿提前三个月就解除了与外籍人员的聘用合同，为公司节省了 170 多万元的培训费用。

2008—2012 年，马云普所负责的吊斗铲机组连续被评为公司级“青年安全生产示范岗”和“经济技术创新示范岗”。2010 年 3 月，马云普本人被授予“全国技术能手”荣誉称号。

甘于奉献型——尚有全的无悔追求

“这是我为之奋斗一生的铁路，这是令我无比自豪的大准！一腔赤诚辛勤耕耘，满怀信心贡献大准。”这是尚有全的铮铮誓言。他扎根基层一线 26 年，凭借精湛的变配电技术和以铁路为家的敬业精神，出色地完成了各项生产任务。他多次获得大准铁路公司供电试验工技术比武第一名，并屡次获得先进工作者荣誉称号。

由他带领的“尚有全创新工作室”完成科技创新项目21项，多次获得国家能源集团、准能集团公司科技创新成果奖，获得国家实用新型专利1项，国家发明专利1项。

作为“安专迷”的引领者，尚有全以兢兢业业、艰苦奋斗的“老黄牛”精神和勇于创新、突破自我的创新精神，又开始向更高的目标迈进。

乐于钻研型——王鹏飞的技术创新

不到10年时间，他先后掌握了8种不同型号矿用电动轮自卸卡车和3种不同型号电动轮前装机的工作原理和故障检修技术。

不到10年时间，他先后完成了6项较大攻关课题项目、8项目较大维修创新项目，获得5项国家实用新型专利，创造效益1000余万元。

不到10年时间，他从一个初出茅庐的大学生成长为众人眼中成功率高、出手不凡的技术创新能手……

他，就是首届准能集团“明星员工”获得者、设备维修中心创新工作室成员王鹏飞，他用朴素的人生经历，演绎了当代工人的不凡历程！

由他总结出的“41A296327AL型直流接触器常见故障处理和保养维护”方法，避免了23台接触器的异常损坏，直接节约生产成本70万元，该课题于当年获得设备维修中心专业技术人才三等奖。此外，他在《机电一体化》《露天采矿技术》《神华科技》等杂志上发表专业技术论文5篇，获批国家实用新型专利5项。这些成绩的取得，凝聚了王鹏飞无数的艰辛与智慧。

像这样的明星员工在准能集团还有很多，如善解难题的“明星员工”张恒远，用奉献托起责任的“煤炭明星”、准能集团明星员工黄悦林，年轻的采矿规划师、准能集团明星员工乔海平，执着的追梦人、集团公司明星员工丁丰，成本节约“达人”、准能集团明星员工张丁……

【旁白】毫无疑问，人是创新要素。准能集团的干部职工，一边挖掘创新因子，一边把自己丰富的想象力转变为创新思维，遇到难题，力求寻找巧妙的思路，出奇制胜，不仅出创新成果，而且出创新人才，职工们因创新而成长，因创新而出彩。

信息化的触角向班组延伸

对准能选煤厂重介车间主任高鹏来说，最近一段时间让他兴奋且印象深刻的，莫过于该厂举办的班组信息化系统应用比赛了。就是在这次比赛中，他获得了首场比赛冠军，而选煤厂洗选车间电工班班长韩伟则获得第二场比赛的冠军，这让他开心了许久。这次比赛，是选煤厂自班组信息化系统开发以来，为更好地推动和检验该系统的落地、应用情况而开展的。

班组信息化管理系统，是选煤厂在听取广大班组职工意见的基础上，认真思考、分析了班组信息化建设的可行性后，按照班组职工意愿创建的。该厂决定将检修周计划、月计划、定期维保计划和运行班组的每日装车生产计划详细录入班组信息化管理系统，从每日车间和班组两级班前会开始，利用班前会系统把每天工作任务明确到位，落实到人。在当班工作结束前，再把今天工作干了什么、由什么人来干的、消耗了什么材料、干到了什么程度以及每班装车生产效率如实录入信息化管理系统，使车间整体生产检修工作有了具体量化。同时，按照生产和检修目标完成情况以及个人当月实际工作量，在月底进行详细统计，并结合奖金分配制度进行工资分配，从而做到有据可依、有录可查，让职工从过去的“等工资”变为现在的“挣工资”。

该班组信息化管理系统还将车间各级管理人员以及群监员和青安岗员在每周开展的安全大检查和不定期巡查中，用相机和手机拍摄下来的问题、隐患、不文明现象等影像资料，通过班前会展示给职工，使之明确范围、地点、隐患内容和相关责任人，按照定整改责任人、定整改措施、定整改时间、定整改目标、定整改验收人的原则，严格落实整改方案，并要求整改人员把整改成果照片录入信息化管理系统，确定其达到预期效果并符合整改目标后，方可消除系统备案，实现了安全工作和文明生产的痕迹化管理。

在成本核算方面，该厂根据工作计划和成本控制管理办法，将指标按设备进行详细分解，应用班组信息化管理系统，将每班工作需求进行合理计算，再把领料单提交车间管理系统，在经过相关负责人审核批准后，领取所需材料。在工作任务结束后将材料消耗情况录入班组信息化管理系统，做到材料消耗明确，账目信息准确，成本核算精确。而后在总结会上结合信息录入统计严格对照预算计划和管理办法，对浪费和超标现象进行有效管控，努力达到降本增效的工作目标。

该系统还为不同的班组留有自主开发的模块，各班组可以根据自己的工作性质进行修订、完善。

班组信息化系统的开发，推进了准能集团数字化建设的步伐。在此基础上，公司经过进一步开发、升级，形成了更适合全公司各行业通用的班组信息化系统，并在全公司推广、应用。

实现了班组作业任务标准化，班前会管理标准化，班组成本核算精细化，班组业务信息化，班组学习资源共享化，班组日常业务集成化、贯通化，达到了数据资源全共享、统计分析全自动、业务管理全透明、作业过程全记录的效果。

【旁白】如今，在准能集团、信息化已经到达班组，在班组落地生根，使班组建设插上腾飞的翅膀。

（四）班组爆发出巨大的创新能量

有了诱人的创新机制，加上各个层面的积极参与，形成了全员参与的创新形式，准能职工参与创新的气势犹如火山内部的岩浆，冲破坚硬的地壳，产生巨大的能量。

创新工作室的同频共振

走进设备维修中心郭俊义创新工作室，摆放整齐的测量仪器和模拟控制盘映入了眼帘，干净的展柜上摆放着创新成果和荣誉证书。

展柜上的一些卡车、吊车模型精巧、美观，犹如孩子们喜欢的玩具，但是这些“玩具”在创新工作室成员的精心改装下，发挥了“试车”作用。“这个卡车模型上加装了我们改造过的卡车车灯微缩版。”郭俊义创新工作室成员王科懿拿起了一辆矿用卡车模型，开始了尾灯、示宽灯、刹车灯等的展示，参观者被这样的展示吸引，也被这些年轻人的想法、创意惊呆了。

像郭俊义创新工作室这样的创新单元在准能集团还有很多，仅集团级劳模创新工作室就有 36 个。他们像一个个根植于广大班组的创新驱动器、共振器。这些创新工作室通过整合优势资源和智力，不断激活全体职工的创新热情，将职工创新的涓涓细流汇聚成企业创新创效、降本增效、提质增效的新动能，取得显著成效。

准能集团设备维修中心的杨进京劳模工作室、郭俊义创新工作室和魏建雄技能大师工作室，在工作实践中把业务相关车间技术尖兵、生产一线中的骨干力量集中起来，优化已成立的20个创新小组，吸引125名职工成为创新工作室和创新攻关小组成员。创新工作室里定期组织职工学习“充电”，开展技术交流和课题攻关研讨活动、集思广益，研究和破解生产中亟待解决的难题，使职工的学习行为由被动学习、被动培训变为根据创新需求有针对性地学习，做到学以致用。

全国劳模杨进京工作室在神华集团公司召开的首届职工技术创新优秀成果视频表彰大会上，被集团公司命名为“神华集团劳模创新工作室”。同年，在内蒙古自治区总工会召开的自治区职工创新工作室命名座谈会上，被自治区命名为“自治区职工创新工作室”。

杨进京劳模工作室自成立以来，先后解决露天煤矿采掘设备电气疑难故障40余起，修复各类采掘设备线路板13块，为企业节省修理费62.7万元。经他们研究出的“395B电铲频繁烧IGBT问题的解决办法”成功解决了电铲IGBT频繁烧毁问题，仅2013年度就节约成本达500余万元。

在杨进京的带领下，240余人先后成为岗位技术骨干，为露天采矿设备的高效运行培养了一批精兵强将。

准能集团创新工作室主要围绕企业生产经营活动，以创新为核心，以降低成本、节能减排、技术改造、技术革新、安全生产、劳动保护等为主题，开展技术攻关、技能培训、管理创新、发明创造等活动，推广普及先进的创新理念、技术和工作方法，还起到了培养人才“孵化器”的作用，积极培养创新型和实用型人才，提升职工创新能力，推动和带领广大职工成为知识型、技能型、创新型职工。

在这个“大众创业、万众创新”的时代，准能的很多班组就像一个个创新的细胞被激活了，从班组长到组员都在努力思考如何安全高效、提质增效、创新创效地完成好工作任务。

【旁白】创建劳模创新工作室目前在企业方兴未艾。然而，能把劳模创新工作室扎扎实实建在车间班组，成为吸纳班组职工学习培训、参与创新的实用平台，而不仅仅是企业栽培的花朵、对外展示的漂亮样板，这样货真价实的职工创新工作室才真正是企业所求、职工所需。准能的职工创新工作室正因为扎根班组，全员参与，所以，职工参与创新的气势犹如火山内部的岩浆，冲破坚硬的地壳，产生巨大的能量。

（五）创新方法成就创新成果

准能集团“5821”班组建设体系在创新的推动下，将班组管理由原来的经验管理、口口相传，转入现在的按流程办事、有章可循的新阶段，形成了很多班组管理创新成果。

提炼一系列工作方法是班组建设工作的着力点，也是公司战略、企业文化在班组落地的有效途径。公司在提炼一系列方法中要求：在范围上，要在班前会流程、安全管理、经济核算、民主管理等方面挖掘实用性强的工作方法；提炼时，力求内容简洁，条理清晰，目标明确，便于记忆，且具有可操作性；推广中，各单位要坚持“他山之石，可以攻玉”的谦虚学习精神，借鉴班组建设先进经验和管理方法，选择适合本单位特点的、启发性强的工作方法，掌握其管理精髓和理念，并创造性地加以应用。

◎方法一：准军事化班前会

“准军事化班前会”：让 25 分钟会议“活”起来

面对各单位前来对标交流的班组长和基层管理人员，哈尔乌素露天煤矿赵鹏班长声如洪钟、信心满满地向大家介绍着“准军事化班前会”。

“班组其实和部队一样，部队没有纪律不可能打胜仗，没有好的风气也不可能有凝聚力，而没有能打能拼的作风，也不可能完成公司下达的生产任务。这些都是一个好的班组应该具备的要素，我敢说，对照这些要素，我们班组做到了！我们将班前会进行了严格的规范。”

第一，规定会议时长，白班班前会召开时间为 8 时 20 分，结束时间为 8 时 45 分；16 时班的班前会召开时间为 16 时 20 分，结束时间为 16 时 45 分；大夜班班前会召开时间为 0 时 20 分，结束时间为 0 时 45 分。规定会议步骤，一是班长点名、酒精检测、合唱班前歌、班前提问；二是轮值班组长传达安全注意事项；三是副班长进行事故案例分析→传达生产情况（作业铲→故障铲→作业车→待令车→班末交车→排弃位置）→设备情况（保养车→故障车→班中故障车→班末调车）→安全注意事项（现场隐患、播放安全视频、图片等）；四是工长分析安全隐患（视频、图片）→传达本班、上班安全注意事项→文件、精神→领导指示→补充总结→岗前宣誓。

第二，要求班前会着装统一、坐姿得体。参加班前会全体人员统一着干净工作服、上衣拉紧，统一佩戴胸针牌，一线职工按要求穿戴劳动保护用品；除会议发言人，其他人头正腰直，双手扶膝，保持直立坐姿。

第三，规范呼唤应答。唱歌、发言、班末宣誓时声音洪亮；职工回答班前提问完毕及听从班组长强调自己所驾驶设备状况后，应回答完毕、明白。赵鹏以饱满的热情将“准军事化班前会”的规范进行了详细介绍。他内心深处总想着将自己的经验一字不落地传递给兄弟单位，为公司规范班前会工作尽力。

◎方法二：先锋精神进班组

同样，在哈尔乌素露天煤矿还有这么一支队伍，努力将军队先锋精神融入班组，打造一支“敢打善拼、能打胜仗”的队伍，他们是哈尔乌素露天煤矿采掘队。

立正、稍息、向右转、齐步走、跑步等基本的队列训练动作，方阵职工演绎得整齐、标准、有力，展示出班组全体职工高标准、严要求的训练态度，也展现出采掘人昂扬向上的精神风貌。这是出现在2015年采掘队举办的先锋精神进班组活动中，运行四班全体职工方阵接受检阅的一幕。

为了提振班组职工士气，将先锋精神进班组做得更加标准、更加贴近军旅生活，采掘队请来了治安保卫处优秀消防战士担任军训教官，利用下班休息及设备大修等空闲时间，组织班组职工开展了为期15天的军事训练，把强军精神、先锋精神融入班组全体职工思想中，激发职工在工作中奋勇当先、精益求精，高标准、严要求地完成工作任务。最终，班组方阵以豪迈有力的步伐走过主席台。

◎方法三：严抓细管实干，构建安全管理标准化示范班组

黑岱沟露天煤矿运输队剥离四班是一个拥有100多名职工的大班组，负责驾驶108台大型卡车，承担着露天矿岩石、黄土的运输任务。

运输作业安全管理的难点就是“高、大、广”。“高”指单人单岗倒班作业，劳动强度高；“大”指设备体积大、盲区大，最大卡车总质量502吨，盲区达到了79米，危险系数大；“广”指作业区域广而且交通复杂。

1. 创建“1331”安全工作管理办法

剥离运行四班以创建安全管理标准化示范班组为目标，创建了“1331”安全工作管理办法，即围绕打造“安全生产无事故班组”这一中心开展各项工作，主抓三项重点工作，落实三个管理办法，开展一系列活动，致力于打造本质安全型班组，确保安全生产。

“1”是围绕“一个中心”，始终坚持以人为本，围绕“安全生产”打造无事故班组这一中心开展各项工作。

“3”是主抓三项重点工作，从安全管理、生产任务和成本管控三项重点工作抓起。

“3”落实三个管理办法，以“433”绩效考核管理办法兑现每月绩效工资，以岗位标准作业流程学习宣贯办法和1+N危险源辨识办法确保安全生产。

“1”开展一系列活动，开展各项安全竞赛、“安全大讲堂”活动和推进“协管安全好矿嫂”活动等。

2. 创新、特色、亮点

黑岱沟露天煤矿运输队剥离四班结合班组特点，对照标准，将班组安全管理工作不断完善，达到考核要求。同时进行了创新，抓出了特色，抓出了亮点。

（1）创建卡车司机“五标准”现场安全标准作业模式

结合卡车司机安全作业标准，总结提炼出一检、二写、三看、四听、五报告的现场作业安全生产模式，让职工安全标准化作业。

一检：接班要认真、逐项、全面地检查卡车的轮胎、油水、各结构件和安全装置等，杜绝设备“带病作业”。

二写：认真规范地填写交接班记录，记录好各项点检内容，明确注意事项、维修记录等。

三看：卡车起步时观察仪表指示有无异常，运行中观察铲位、路况和排土场等作业条件。

四听：听卡车发动机及各部位有无异音，听从调度和班长的生产任务指令，听放炮警戒人员的指挥等。

五报告：及时汇报现场作业情况，准确汇报卡车故障情况，联合作业时做好呼唤应答，发现安全隐患和险情要及时上报。

（2）从“勤、实、严、新”四个方面抓好流程落地工作

一是强基固本学习勤。为职工安全无线信号接收设备、印发学习小册子、开展一学一考活动等，强化职工学习应用，目前班组职工对23个岗位流程已全部熟练掌握；**二是动静结合考核严**。制定了《运输队岗位标准作业流程管理办法》，细化岗位标准作业流程考核方式，队班子成员以身作则，督导检查，每月队管理人员对各班组考核人数不低于班组总人数的30%，随时掌握职工学习应用情况。**三是载体丰富成效实**。举办了“运输队岗位标准作业流程知识竞赛”、用岗位标准作业流程进行事故案例分析、组织开展岗位标准作业流程“大家来找碴活动”、应用卡车着火救援标准作业流程学习轮胎着火应急救援预案，提高职工流程应用能力和应急处置能力。**四是多措并举思路新**。制作了具有随机抽题功能的流程答题软件、制作了流程学习图板十余个、拍摄岗位标准作业流程视频七部、按月填写运输队班组岗位标准作业流程记录本等，以丰富学习的方式，强化学习效果。

（3）认真开展班组职工“安全大讲堂”活动

积极开展班组安全大讲堂活动，职工能结合岗位实际及工作经验、精心备课、制作课件、登台授课，目前已有19名职工通过安全大讲堂的形式，用自己或身边的人和事，阐述了“遵章—平安—幸福”和“违章—事故—痛苦”的安全理念，收到了良好的班组安全教育效果。

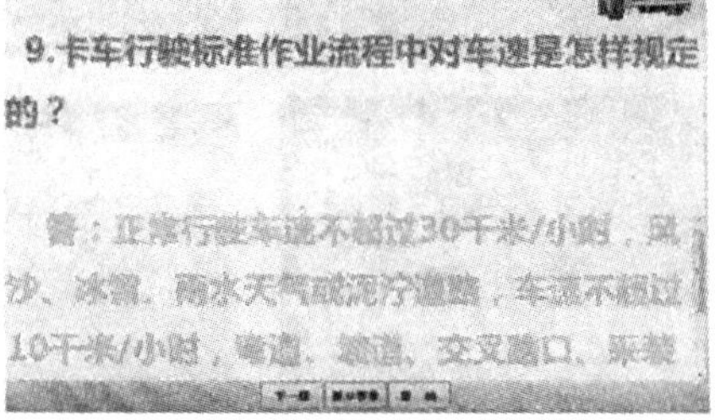

（4）制作每日一题软件

重新梳理了职工“每日一题”题库，结合现场实际，编制新题，安全生产法、标准作业流程、新的规程管理制度等都有所涉及，对已经不符合现

场实际的旧题型进行了删减。制作了每日一题答题软件，具有管理题库、随机抽题、嵌入班前会 PPT 传达等功能，包含了岗位标准作业流程的提问，可以有效检查职工的学习情况和掌握程度，督促职工自觉学习流程，真正使班组每一位职工将题库内容学会、学透并能自如地应用到现场安全生产中。

（5）应用“1+N”危险源辨识法

“1”就是一人主持并提出危险源；“N”就是让多个人对这个危险源进行辨识，采取职工间互相讨论、补充的方式进行，厘清生产现场的不安全因素，并最终总结出 N 条防控措施，形成对危险源实施班前会预想、班中防范、班后总结的管控措施。

具体程序如下：①班长宣布开始“1+N”危险源辨识，指定铲长或任一职工做主持人，也就是“1”；②主持人根据最近的生产情况，针对性地选择存在危险源的工作任务，提问某一铲组工作任务中人、机、环、管环节中存在的危险源；③职工开始回答，回答完毕后，本铲组或其他职工补充存在的危险源；④主持人提问每个危险源可能造成的风险后果；⑤职工开始回答，回答完毕后，其他职工补充风险可能造成的后果；⑥主持人提问每个危险源管控的标准与措施；⑦职工回答，回答完毕后，其他职工补充至所有管控标准与措施回答全面；⑧做好记录。

（6）技改技革

通过组织攻关，制订经济技术创新方案，从技术革新角度提出建议，如 630E 卡车改造置顶空调、卡车 LED 示宽灯改造等技改项目，提高了设备安全操作性能，保障了设备出动率和生产指标的顺利完成。

在 2017 年的工作中，剥离产量高居运输队榜首，班组实现了连续 10 年安全零伤害、零事故，并以安全管理带动降本增效，2017 年上半年产量提升 7%，轮胎消耗同比 2016 年减少 6 条，仅此一项节约成本约 150 万元。

剥离四班曾荣获 2011 年、

2012 年，2014 年度准能集团级优秀班组等荣誉，2016 年获得了“矿生产先进班组”“矿级优秀班组”“准能集团安全管理标准化示范班组”“神华集团煤炭班组建设百强班组”等荣誉称号，2016 年我班组职工焦云伟荣获第三届“感动中国百名矿工”荣誉称号。

◎方法四：大准铁路公司“班组长三步汇报法”

班组是一切工作的出发点和落脚点，是所有工作的重中之重，而班组长作为班组建设的领军人物，突出的沟通能力、对班组工作系统思考掌控能力和业务水平的高低，直接关系到班组建设整体水平的提高。经过不断地摸索和探讨，大准铁路公司于 2008 年凝练出班组长“三步”工作汇报法这个独具特色的统一汇报模式，并逐步进行完善推广，收到了良好的效果。

班组长“三步”汇报法规范		
第一步	1. 班组长基本信息，如姓名、年龄、学历、毕业院校、学习专业、工龄、工作经历、何时担任班组长等。	
	2. 班组自然情况。	班组长和班组的自然情况
	（1）介绍所在班组名称、人数、级别及承担的主要工作任务。	
	（2）根据班组成员的性别、年龄、学历、政治面貌等信息，分析概括班组结构。	
第二步	1. 介绍班组安全生产基本情况。（根据情况汇报年或季或月）	
	2. 介绍班组日常工作机制，如何组织班前会、班组例会等。根据班组生产、安全情况，科学安排生产任务，辨识危险源及安全风险，采取相应安全防护措施。	班组的做法和成效
	3. 汇报班组在制度建设、安全管理、工作任务、文明生产、班组培训、经济核算、民主管理、班务公开、党建和文化等方面采取的主要措施和做法。	
	4. 总结班组建设取得的成绩和效果。	
第三步	1. 存在的问题。	
	（1）班组长在管理班组过程中自身存在的问题，如知识结构、沟通能力、业务水平、管理方式等。	
	（2）重点指出班组在基础工作、安全生产、经济核算、考核奖罚、班组文化等方面存在的问题，如班组制度不健全，人员结构不合理，成员安全意识淡漠、技能水平较低，班务公开不全面，经济核算未开展等。	问题、意见和建议及下一步工作思路
	2. 根据存在的问题，提出改进、整改措施及下一步的工作重点。	
	3. 针对班组建设提出自己的意见、建议和体会。	

班组长“三步”工作汇报法的基本做法

公司将班组长“三步”工作汇报法作为班组考核验收的一项内容，汇报结果直接影响班组整体考核成绩；也作为对班组长个人考核评价的一项重要内容；作为各级管理人员现场调研、各类专业性现场检查、各种会议班组长汇报工作的主要形式，也成为岗位竞聘和人才选拔的个人演讲展示环节的一种重要方式。为便于班组成员学习，将“三步”汇报内容以模板形式印刷到班组综合台账中。并要求各级班组长在日常工作中从本班组人员配备、设施装备、班组职责、作业内容、工作重点、作业环境、管控措施等方面系统思考，总结提炼撰写出“三步”工作汇报材料，并结合工作推进适时更新汇报内容。培养其对工作的创新思考、有效推动、系统总结的良好习惯，锻炼其对本职工作的全方位掌控能力和应急处置应对能力。与此同时，大准铁路公司公司还通过班组长演讲比赛、召开班组现场观摩经验交流会、汇报法落实专项督查等方式加强班组长“三步”工作汇报法的推广应用和锻炼提升。

班组长“三步”工作汇报法取得的成效

班组长“三步”工作汇报法的推广，使班组长的心理素质得到加强，业务能力得到提高。班组长汇报工作及向班组成员传达上级文件、指示时，采用脱稿、口头汇报方式，一改过去照本宣科的方法，由班组长总结归纳，将精神实质传达到班组成员中，既养成了班组长三步工作汇报的良好习惯，又提高了班组长的综合业务素质。在班组长心灵深处牢固树立起一种“业绩重要，沟通更重要”的思想意识。同时也造就了一批“能干会说”的基层班组长。

班组长“三步”工作汇报法的推广，实现了班组管理由“静态”向“动态”、由“结果控制”向“过程控制”的巨大转变。“班组长三步工作汇报法”使班组长对日常工作的主动的、系统的思考能力增强，从召开班前会、进行危险源辨识、安排当天工作任务到班后进行总结。使班组长对阶段工作了如指掌，由单纯的计划管理转向实时盯控的过程管理，班组效率不断提高，“三违”现象逐渐减少，风险预控及现场实时管控应对能力显著增强。

班组长“三步”工作汇报法的推广，激发了班组学习的热情，营造了良好的学习氛围。“班组长三步工作汇报法”不仅提高了班组长学习的积极性，同时也带动了班组成员学知识、钻业务的热潮，在班组中形成了你追我赶、互学互助的大好局面。班组成员能够以主人翁的态度参与到管理中来，班组管理更加人性化、民主化。

班组长“三步”工作汇报法经过几年实践，在车间主任、党支部书记汇报工作，管理人员竞聘上岗等诸多方面得到推广和延伸，特别是各级管理人员的思维更加开阔活跃。2012 年在准能集团内进行推广，并列入准能集团“5821”班组建设体系中班组管理好方法，有力带动了公司整体工作的稳健发展。

◎方法五：“反‘三违’分析法”

从薛家湾站区沿着大准铁路一路向东，满载滚滚乌金的万吨巨列行进在准能集团煤炭外运的命脉线上，就在这条金色大道上，有一个枢纽站区——大准铁路公司丹洲营站区，在这里：

有一种岗位，
在列车交替运行中永不缺位。
有一种人生，
在滚滚车轮的打磨下越发精彩。
有一个名字，
在汽笛长鸣声中愈加响亮，
这就是执着的铁路列检人！
……

这是丹洲营车辆列检作业场一班班组长段永军创作的一首“岗位之歌”其中一个段落。说起段永军，同事们都说他是一个神奇的人物。他根据自己岗位的需求，创造出深受职工欢迎并在工作中有效控制三违的反“三违”分析法。

班组反“三违”分析法

该法以 2009 年从班组开始实行的“反‘三违’分析会”为基础形成的。当时，大准铁路公司车辆段在班组推行了反“三违”分析会，要求各班组在召开反“三违”分析会时，要严格按照段制定的会议流程进行，并对各个环节认真总结，达到最佳效果。比如班组某位职工发生“三违”后，通过召开分析会，使全班职工针对此次“三违”事件心中都有一个烙印。分析会中一个重要的环节，就是“三违”调查。这个环节中不仅“三违”责任人要对自己的“三违”行为做一个深刻的检讨及认识，也要班组的每名职工针对这件“三违”比照事故，从发生的原因、可能造成的后果、预防措施等方面对该“三违”进行剖析，并且要说明自己是否发生过类似的“三违”，以后该怎么做。其实，这个环节就是一个批评与自我批评的过程。这个分析会坚持的6年里，班组的“三违”形成从高风险等级转向低风险等级，习惯性“三违”明显减少。

班组反“三违”分析会流程

会前：根据“三违”现象，确定会议时间、会议地点、会议内容、参会人员、会议议题和会议主持人。责任班组全体成员根据会议议题提前进行发言准备。

会中：班组反“三违”分析会，共分八个环节，环环相扣，逐步推进。

①讲述“三违”概况。由主持人（班组长）主讲。

②陈述“三违”原因。由“三违”责任人陈述发生“三违”的原因及其思想认识。

③剖析“三违”现象。由全体参会人员结合自身发生过的问题深刻剖析发生“三违”的直接和间接原因、可能造成的后果和应采取的措施。

④对“三违”再认识。由“三违”责任人第二次讲述对本次“三违”现象的再认识。

⑤“三违”定性处理。由主持人根据相关规章制度，对“三违”事件进行定性、处理并制定整改措施。

⑥深入讲解教育。由主持人引用有关事故案例对全体参会人员进行讲解教育。

⑦矫正“三违”现象。主持人按照《反“三违”管理办法》对“三违”现象进行矫正。

⑧会议总结存档。由主持人对会议进行总结，全体参会人员签名，会议结束。

会后：会议记录存档，班组典型反“三违”分析会供各车间、班组学习交流。

班组反“三违”分析会取得的效果

通过班组召开反“三违”分析会，使班组职工的面貌发生了很大的转变，习惯性违章大大减少，有力保证了安全生产的顺利进行。班组开展反“三违”分析会有以下几点好处和效果。

杜绝了班组长的好人主义思想。个别班组长好人主义思想严重，认为员工和自己天天摸爬滚打在一起，亲如兄弟，不忍心对其处罚。通过召开分析会，使班组长意识到纵容违章就是对员工的不负责任、对家庭的不负责任、对单位的不负责任，召开分析会是一种方法，杜绝违章才是目的。

员工安全意识明显提高，自主保安意识明显加强。过去个别员工发生了违章行为，往往对违章行为没有造成相应的后果存在较重的侥幸心理，对其危害性认识片面。通过对其发生的违章行为召开分析会，让员工针对发生的“三违”事件发表看法，并查找出相关的规章制度，有理有据地让责任人感到发生“三违”将会造成的严重后果，其他员工也在潜移默化中，认识到“三违”的危害，从而杜绝“三违”的发生。

起到帮教一人，警示大众的作用。通过召开分析会，参会人员都受到了再教育，使员工明白既有前车之鉴，绝不步其后尘，杜绝了同类“三违”事件的再发生。

给反“三违”工作注入了新活力。通过召开分析会，改变了过去反“三违”内容空洞，总在“发现、说教、处罚”的“老三篇”中打转转的状态，使反“三违”达到了有理有据、有章可循、预防后果、警示众人的良好效果。

发生“三违”的次数和风险等级明显下降。大准铁路公司车辆段自推行班组“三违”分析会以来，班组职工的“三违”事件从 2014 年的 24 件到 2016 年的 7 件，每年以 40% 左右的比例下降，“三违”现象已得到了有效控制。

凝练总结出切合班组实际的安全管理理念。自推行班组“三违”分析会以来，班组结合生产实际凝练总结出了“安全生产思想意识无负号”“习惯性违章向习惯性标准化转变”等朴素的、切合班组实际的安全管理理念。

班组反“三违”分析会启示

发挥青安岗员及群监网员的作用，把青安岗员及群监网员纳入班组反“三违”工作中。首先，让他们严于律己，杜绝“三违”现象发生；其次，让他们在站场作业中发现并制止其他职工的“三违”行为，按照段及车间要求，让他们在班后会上针对工作中存在的隐患作发言。这样监督的人多了，违章的人就少了，避免了站场上车身长、作业人员多、有监控不到的地方。

段里要求，把反“三违”分析会与本安工作有机结合起来，开分析会首先就要对违章进行危险源辨识，对职工来说就是一个危险源重新学习的过程；其次就是对不安全行为的有意或无意分析，根据员工不安全行为矫正办法，可进行安全态度和安全思想的教育、相关知识学习和本岗位危险源学习；最后进行事故案例教育，使职工通过活生生的案例理解违章后产生的严重后果。这样既推进了本安建设工作，又有针对性地提出克服不安全因素的有效方法。

◎方法六：班组“命令复诵法”

生产行业多年的实践经验表明，误操作事故多是由于操作者的“无意识行为”而导致的。为了保证安全，就要采取积极措施来减少、避免这种无意识行为的发生。“命令复诵法”就是避免无意识行为发生的一种手段。

班组“命令复诵法”实施背景

在班组日常工作中，尤其是检修等作业过程中，发令人与接令人、操作人与监护人或处于同一空间内，或处于不同方位，进行正常操作或应急处置时，如热机起停、升降负荷、阀门开关、电气倒闸及重大保护投退等，由于空间、环境比较嘈杂或其他原因导致接令有误、操作错误。

为了有效避免误操作，矸电公司总结出一套命令复诵工作流程：上级对下级发布的操作指令，接令人在接受指令后，不能马上操作，而是重复指令或通话内容以进一步确认指令的过程，然后执行。

班组“命令复诵法”主要内容

发令人与接令人、操作人与监护人处于同一空间内、不同空间或环境比较嘈杂的日常操作或应急处置，如热机起停、升降负荷、阀门开关、电气倒闸及重大保护投退等。

班组“命令复诵法”概念

命令：上级对下级发布的操作指令，如值长或班长对本值值班人员发出的热机起停、升降负荷、阀门开关、电气倒闸及重大保护投退等运行操作指令。

复诵：在发布指令或接受汇报时，受话方重复指令或通话内容以进一步确认指令的过程。

班组“命令复诵法”执行程序

A. 发令人首先起立—××× 接令—受令人举右手同时喊“到”—发令人发布具体操作指令—受令人复诵操作指令—双方确认无误—发令人宣布“开始执行”—操作完毕回复指令。

B. 综合考虑现场作业环境，为确保操作无误，我们对以下常规操作在履行命令复诵法的基础上，同时加入“手势指令”，构筑多层安全屏障。

班组“命令复诵法”要求

A. 发布操作命令和复诵操作命令都应严肃认真，声音洪亮清晰。

B. 发令人与接令人不在同一空间，使用电话或对讲机完成操作命令时，不需要执行“手势指令”。

C. 执行手势操作时，两个独立的手势动作之间须有 3 秒的间隔，防止由于动作连贯导致受令人接受错误指令。

班组“命令复诵法”推广应用情况

在发电企业机组启停、升降负荷、阀门开关、电气倒闸及重大保护投退等操作中，广泛应用而且严格执行。

A. 有效杜绝误操作，实践证明命令复诵法简单实用，且具有可操作性。

B. 命令复诵法是经过多年总结的行业操作标准，大大提高了工作效率，保障了机组安全运行，多人实现千项操作无差错的好成绩。

◎方法七：“6+4 班组建设管理方法”

“6+4 班组建设管理法”实施背景

设备维修中心为了夯实基础，激发员工活力，从根本上提升企业竞争力，于 2013 年开始着手加强班组建设工作。通过对当时班组情况的摸底与分析，中心建立了由机关各部室协同管理的班组达标考核体系，根据一系列的考核标准，最终按照不达标、达标、三级达标、二级达标、一级达标的标准对全体班组进行分级，计划在五年规划的收尾年达到班组达标率 100% 的目标。截至 2015 年 12 月，班组达标率由 2013 年时的 20% 提升至 55%，其中不乏一批达到了一级达标标准的优秀班组，也涌现出了一批有想法有能力的优秀班组长。但随着班组建设工作的深入开展，各部门分散管理，各项工作独立开展的弊端也逐渐显现出来，班组普遍反映班组建设工作繁重，各部门存在重复考核、重复记录的现象，一定程度上影响了员工的积极性，同时也拖后了该中心五年规划的完成进度。该中心针对这一现象进行了现场走访并组织各部门进行了专题讨论，一致认为应就班组建设工作建立一套统一规范的管理标准和考核体系，对各级各部门进行明确的责任分工，避免班组重复工作的现象。

中心紧紧围绕准能集团“5821”班组建设体系，以“五型”班组建设为抓手和出发点，结合维修工作的特点与需要，制定了“6+4”班组建设管理方法。

“6+4 班组建设管理法”主要内容

“6”是指“稳、严、细、准、精、实”班组管理“六要素”，是班组基础工作的要求标准，也是完成好班组核心工作的对照依据；“4”是指“自保、互保、联保、协保”班组安全管理“四保”，是班组完成好各项工作任务的前提，是对班组安全管理文化的高度概括。“6”是基础，“4”是保障，“6+4”合力抓好班组管理工作。

1. 六项核心工作

“五型”班组学习型之“班组长管理及员工素质提升稳”

设备维修中心严格按照《设备维修中心班组长选拔任用制度》要求，规范班组长选拔任用程序，本着公开、公平、公正的原则进行班组长选拔，切实将管理有方法、技术有水平、办事有责任的优秀人才选聘为班组长。组织班组长参加各类培训、会议、活动，培养班组长建立“大格局、大魄力、大智慧”的全局意识，全面强化班组长管理意识。通过班组考核、车间评价、组员评价，给每名班组长一个客观、公正的考核得分和评价定位，切实抓好班组长考核、评价工作。

同时面向全体员工征求培训意见，了解员工培训需求，从提高员工职业素养、岗位技能、标准作业流程、安全知识、应急能力等角度出发，提升外培广度与深度，加强内培专业性与针对性。同时评选班组内岗位能手、技能大师，推广普及各类绝活儿、绝技和先进理念，发挥标杆的引领、带动作用，全面提高员工素质，努力打造学习型班组。

“五型”班组安全型之“风险预控管理体系执行严”

按《风险评估型式与方法》开展危险源辨识和风险评估工作，重点做好四项工作：一是对危险源约定层级进行辨识；二是班组辨识前，中心、车间两级开展基准风险评估，列出高风险任务和重要设备，为班组开展全员风险评估提供技术支持；三是针对近两年车间风险评估后，风险等级普遍偏低，不利于日常重点管理的情况，降低可承受风险的取值，并将其他层级的取值也进行调整，以便真实反映风险分布情况；四是风险评估工作前，安监站将以车间为单位开展评估前的培训工作。

“五型”班组节约型之“成本管控细”

根据准能集团下达的各项预算，将年度成本指标逐级分解到车间、班组、单机单车，实现一故障、一核算、一分析。做到实施细则标准化、账表标准化、业务流程标准化、成本分析标准化、绩效考核标准化。重点抓好班组预算细化工作，实现“人人头上有指标”。完善班组成本核算工作，强化班组对个人成本考核。运用好激励机制，挖掘班组员工成本管控措施。积极开展班组经济分析工作，重点分析突发性故障、重复性故障发生原因，及时采取措施，跟踪落实。强化班组内部对标、同类型设备对标，实现问题发现在一线、潜力挖掘在一线的自主管理。充分发挥经济核算型示范班组示范引领作用，全面开展经济核算型班组建设工作。

“五型”班组和谐型之“班组管理要点准”

充分发挥民主管理重要作用，解决好奖金分配、劳务人员转制、评先评优、工作分配等突出问题。突出“家庭文化”建设，把班组职工当成自家人一样对待，舍得在感情上投入，实现团结一心，共同成长。通过全员参与，共同制定，将班组大事小情纳入制度管理，完善制度、共同执行。通过考试、技术比武、现场对决、争夺流动红旗、惩罚后进等进行评比激励，突出激励措施，形成“比学赶帮超”的工作和学习氛围。

“五型”班组创新型之“检修质量精”

通过定岗、定人、定责，实现设备点检全覆盖，按照运输、采掘、工程辅助设备特性确定点检项目，详细建立设备点检档案，严格执行清洁→检查→调整→紧固→校准→润滑→清理步骤，坚持定员、定点、定法、定时、定标原则“五定原则”完成保养工作。根据设备运行时间和工作状况，充分掌握设备磨损规律，结合技术要求，对设备的零部件及总成件进行预防性检修更换，降低突发性和大型故障的发生概率，提高了设备出动率。

通过中心、车间、班组培训，使各级管理人员及广大员工认识并理解了《煤矿岗位标准化作业流程》的重要作用。在所有班组中开展“岗位标准作业流程班组拍”活动。通过“作业、拍摄、回放、讨论”的形式，使全员参与，形成更加符合生产作业实际的标准作业流程，推进岗位标准作业流程的实际运用，实现各岗位员工安全、高效检修。

“五型”班组助推器之“载体活动”

该中心紧紧围绕班组建设的实际工作，设计策划了“班组长大练兵”活动每年从8月开始，利用三个月的时间在各车间开展此项活动。通过班组建设经验总结交流班组考核（现场检查考核、内业检查考核、班组长考核）成果总结、推广三个阶段对全中心90个班组进行全面练兵，充分拓展班组长锻炼展示平台。

2. 四项保障

安全为企业的立足之本，该中心充分认识安全生产的重要性，通过安全教育、现场纠正、案例分析等手段，不断强化职工自我保护意识，增强自我保护能力，达到“自保”；充分发挥班组成员之间互相保护、互相提醒、互相监督的相互关系，实现“互保”；本着横向到边、纵向到底的管理思路，强化车间与车间之间，班组与班组之间的联动保护，及时提醒、防范本车间、本班组、其他车间、其他班组发现的安全隐患，形成上、下、左、右网格状保护，不留空当，实现“联保”；充分发挥家属协管员、青安岗员的“三声一风”作用，实现“协保”。

3. 施行“6+4 班组建设管理法”取得的主要效果

（1）推动中心班组建设达标工作。自“6+4”班组建设管理法实施以来，中心经过反复讨论最终形成了涵盖7个模块、97项元素的《设备维修中心班组建设达标实施办法》，通过日常检查和大练兵工作对全中心90个班组情况进行验收。截至2016年，全中心90个班组达到一级达标班组13个，二级达标班组17个，三级达标班组29个，达标班组18个，已实现达标班组85.56%，有望在2017年实现达标班组100%的五年规划目标。

（2）提升了班组长管理能力。通过“6+4”的认真落实，班组长的计划能力、组织能力、协调能力、控制能力、监督能力以及总结能力、表达能力和演讲能力都得到了提升，中心每年通过班组长风采展示进行验证和拔高。同时，班组长队伍得到了优化，实现了班组长的年轻化、知识化、专业化。

（3）强化了员工自我安全管控能力。根据每个班组的工作特点，完善了班组标准化作业流程。进行了本岗位危险源再辨识，下发了《安全知识读本》，并不定期展开本岗位危险源知识问答、考试，力求让每名员工熟练掌握本岗位工作标准检修流程和本岗位危险源，做到检修标准化、危险看得见。2017 年上半年设备维修中心未发生轻伤以上人身伤害事故和一般以上环境污染事件，无职业病病例，安全生产形势平稳。截至 2017 年 6 月 30 日，实现安全生产 3788 天。

（4）强化了员工的创新能力和技术攻关能力。该中心各车间通过与创新工作室的合作，大大提升了员工的创新意识和业务水准，以 2016 年为例，该中心修复再利用配件 8497 件，节约成本 12403.14 万元；国产化开发节约成本 7 千余万元；库存金额较年初库存下降 2.75 亿元；成功攻克吊斗铲回转系统立轴孔修复技术难关；首次对 CDM75 钻机进行机棚升级改造；成功完成了 24 台 630E 卡车发动机机油油位报警装置的改造安装，共完成主采设备计划性检修 9859 次；承修设备综合出动率较上一年同期分别提高了 2.5%、4.41%。

“6+4”班组建设管理法被评为神华集团年度煤炭班组建设典型管理经验。

◎方法八：“五个四”管理模式

准能集团选煤厂以创建“五型”班组为目标，把班组建设纳入抓基层、强基础、强技能管理大格局中去谋划和部署，通过反复探索与实践，逐步形成了具有选煤厂特色的“五个四”班组管理模式，有力促进了班组建设的深入开展，提升了班组建设管理水平和品质。

“五个四”班组管理模式的基本内容

选煤厂“五个四”班组管理模式包括夯实 4 项基础、构建 4 项机制、创新 4 个载体、搭建 4 个平台、严把 4 道关口等。

夯实四项基础即规范两级班前会制度、规范班组工作汇报、推广应用岗位标准作业流程、筑牢班组建设阵地；构建四项机制即构建工作指导检查督促机制、构建典型示范机制、构建绩效考核评价机制、构建班务公开及民主管理机制；创新四个载体即创新“星级班组”和“星级员工”考评活动、创新实操技术培训活动、创新文明生产“四、四、五、五”活动、创新班组经济核算活动；搭建四个平台即搭建班组竞赛推进平台、搭建班组对标观摩平台、搭建班组经验交流平台、搭建班组信息化管理平台；严把四个关口即严把岗前排查关、严把危险源辨识关、严把班中巡查和对岗交接关、严把班后总结关。

“五个四”班组管理模式的主要做法

1. 夯实四项基础工作，强化标准化班组建设

规范两级班前会制度。本着“实用、管用、有效”的原则，经过近 4 年反复实践、竞赛演练、总结提炼、监督规范，将两级班前会通过制度的形式固化下来，形成了选煤厂标准化班前会模式，即“三讲”（生产任务布置、安全知识培训、每日一题问答），“三查”（查劳动纪律、查精神状态、查劳保穿戴），“三交代”（交代工作重点、交代危险源及管控措施、交代技术要求），“一提示”（当班安全注意事项提示），“一确认”（班组成员对班前会内容的理解确认），“一宣誓”（班组安全宣誓），从而提高了班前会质量和实效性，切实使安全第一理念内化于心、外化于行。目前，选煤厂标准化班前会的召开已实现信息化管理，班前会考勤、上一班工作回顾、当班工作任务布置、危险源辨识、岗位标准作业流程、每日一题、上级文件学习传达、培训学习、任务提醒、班组核算、安全宣誓等功能都做到了图文并茂、数据共享，具有很强的针对性、实用性和实效性。班前会后，系统会自动生成班前会记录，管理人员可通过授权随时查阅班前会召开的情况。

规范班组工作汇报。针对以往班组在接待参观或检查时，班组工作汇报抓不住重点，语言组织和表达能力不强等问题，学习借鉴“班组长三步汇报法”，结合选煤厂特点，设计了《准能集团选煤厂“班组工作展示”流程及要点》。每个班组根据流程及要点，设计具有本班组特色的“班组工作展示”内容。通过几年来的反复训练、竞赛、考核，使班组长在“班组工作展示”时做到了语言精练、重点突出、特色鲜明。

推广应用岗位标准作业流程。严格执行选煤厂八大类 380 项岗位标准作业流程，与此同时，总结提炼出了“1231”工作法。即“1”个目标：实现员工“上标准岗，干标准活”的目标；“2”个措施：制订选煤厂全年、季度计划措施，制定考核办法措施；“3”项检查：一周一检查，一月一汇报，一季

一评比；“1”个载体：一年开展一次以岗位标准作业流程为主题的活动。在“1231”工作法的指引下，员工利用标准作业流程管理系统、移动App、微信平台等开展学习，使岗位标准作业流程在管理提升、安全作业、降本增效、提高素能、知识共享等方面发挥了重要的作用，促进了流程在准能集团选煤厂的落地生根和全面推广。

筑牢班组阵地建设。准能集团选煤厂把班组活动室作为班组文化前沿阵地来抓，为每个班组订阅《班组天地》等企业类、班组类阅读刊物；开通“准能集团选煤厂微信学习平台”；多方合力为班组建立读书角（包括管理书籍、技术书籍等）和文化墙（包括班组愿景、风采展示、班规班训、班务公开等内容）。与此同时，通过企业文化宣贯、读书比赛、文化墙评比、和谐班组评比、选煤厂大讲堂及群众性文化娱乐活动，大力激活班组文化细胞，培育班组文化氛围，逐步形成了具有选煤厂特色的“三力三化”（“三力”为执行力、创新力、凝聚力；“三化”为规范化、个性化、标准化）的班组文化模式。

2. 构建四项机制，激活班组细胞

构建工作指导检查督促机制，激活细胞。为进一步加强班组建设的组织领导，形成了由党委牵头主抓、行政主体责任到位、车间管理层包干班组的责任机制。厂领导和机关职能部门定期和不定期深入班组进行现场指导、督促和检查，帮助班组解决困难和问题，如怎样创建安全管理标准化示范班组、怎样进行班组经济核算、怎样开展学习创新班组的创建、怎样开好班前班后会等，解决了基层班组“五型”班组创建过程中的实际困难。车间管理人员对各班组进行一对一的指导，为班组建设出主意、想办法，提高了班组日常管理水平，激活班组细胞。

构建典型示范机制，以点带面。近年来，选煤厂以典型示范班组作为“五型”班组创建的突破口和着力点，在全厂10个车间选树10个典型示范班组，其中本质安全型5个、经济核算型2个、学习创新型2个，和谐发展型1个。同时采取分管领导包干推进、车间选型重点突破、典型经验总结推广等措施，逐步形成了“一车间一典型、一班组一特色”的创建格局，带动各车间其他班组互学互鉴、共同进步。

构建绩效考核评价机制，奖优罚劣。在严格执行准能集团关于班组长津贴标准发放的同时，选煤厂按照劳动强度和作业环境差异，奖金系数坚持向一线倾斜，班组长奖金原则上按其所在班组平均奖金的1.2倍进行分配。厂里、车间建立班组建设考评细则，班组制定内部考评细则，按照4:3:3分配比例，每月进行考评兑现。车间每月对班组长进行综合测评，对工作突出的班组长进行奖励；对工作不胜任、不称职的班组长，及时解聘；对出现失职、违纪或严重违章指挥的，按有关规定给予严肃处理。

构建班务和民主管理机制，凝心聚力。在班组中全面推行民主管理机制，民主管理制度取得了全新的进展。各班组每月都要召开一次班务及民主管理会，对班组所涉及的任务完成、员工考勤、班组经济核算、绩效考评、奖金分配、本安三级考核、合理化建议、“五小成果”等工作，都要广泛听取班组成员的意见和建议，充分发挥班组的集体智慧和民主力量。尤其对员工敏感的热点、焦点问题，如奖金分配、员工奖罚等情况，各班组都通过班务公开栏随时公开，接受大家监督，营造班组公平、公正的和谐管理氛围，凝聚了班组的团队力量。

3. 创新四个载体活动，提升班组管理品质

创新“星级班组”和“星级员工”考评活动。从2013年开始面向全厂生产班组开展“星级班组”（本质安全星、文明生产星、学习创新星、经济核算星、和谐团结星）和“星级员工”（本质安全之星、文明生产之星、学习创新之星、经济核算之星、和谐团结之星）考评活动。采取车间日常考核、季度汇总，厂里季度复审、考评，分别对全厂78个生产班组作出“星级”（一星、二星、三星、四星、五星）命名，“五星”班组由厂里统一考评奖励，其他星级由车间自主奖励。同时对“五型”班组创建活动涌现出的“星级员工”进行考评并奖励。截至目前已经累计命名“星级员工”221人次，通过“星级员工”考评活动，涌现出了如“胶带刹车装置”“刮板校直装置”“破碎机齿板堆焊修补技术创新”“封尘剂喷淋泵集控启停改造”“装车溜槽加装防冻液电磁阀控制线路”等39项卓有成效的技改技革项目，有效地激活了班组细胞，大力促进了提质增效和降本增效工作的开展。

创新实操技术培训活动。积极创新班组培训模式，根据培训需求，10个生产车间分别建成了实操室和创新工作室。把废旧设备和工器具修复再利用，模拟现场设备、工艺制作成平时练兵和培训的实操台，进行技术实操培训。

各班组利用工余时间，在实操台上进行常见故障的排除演练。实操技术培训的创新，不仅提升了广大员工的实操技能，而且提高了标准化作业水平，同时涌现和培养了一批技术培训能手，构建起了选煤厂培训师资人才库。

创新文明生产“四、四、五、五”活动。连续几年在班组开展“四无”（无垃圾、无积水、无油污、无烟头）、“四全”（安全遮拦全、沟道盖板全、设备标识全、照明设施全）、“五净”（门窗净、桌椅净、橱柜净、地面净和墙壁净）、“五达标”（现场制度落实达标、环境安全达标、设备完好达标、操作程序达标、工作质量达标）活动，各班组文明生产程度进一步提升。

创新班组经济核算制度。每年年初，厂里将成本预算分解到车间，车间将预算分解到各班组，班组再将预算分解到包机组，有条件的班组按月分解到了个人，实现了“千斤重担人人挑，人人头上有指标”。各班组材料、工器具、配件、总成、设备的出入库通过班组信息化系统实现了网上审批，便捷、高效。班组每班材料领用做到及时录入，真实、准确。各班组都建立了成本核算制度，奖罚明确、考核兑现。班组利用信息化系统的消耗汇总进行月度成本分析，对超支和节约原因进行了剖析，并提出下期控制措施。厂里每半年进行一次班组经济核算考评活动，对名列前茅的班组进行奖励，有效激发了班组做好经济核算工作的热情。

4. 搭建四大平台，强化互动交流

搭建班组竞赛推进平台。以提升班组管理水平为目标，紧密结合生产实际，针对性地开展标准化班前会竞赛，逐步规范并提高了班前会质量；开展班组工作展示竞赛，提高了班组长在接受参观检查时的工作汇报质量；开展班组实操技术培训竞赛，进一步推动了班组实操技术培训工作的开展，营造了学技术、钻业务的良好氛围；开展了班组信息化系统应用演练竞赛，提升了车间管理人员和班长对班组信息化系统的熟练操作水平；开展了班组经济核算竞赛考评活动，有效推进和规范了班组经济核算工作。

搭建班组对标观摩平台。由厂里和车间协调，经常开展内外部对标观摩学习，向厂里和兄弟单位的先进班组进行对标学习，学习他们班组日常管理的经验和方法，如班前会、危险源辨识、班组安全管控、绩效考核、班组培训、班组文化培育等，通过互学互鉴、启发思路，提升班组管理水平。

搭建班组经验交流平台。组织召开“五型”班组创建活动典型经验交流会，参赛班组以PPT文稿演示的方式进行典型经验介绍，不仅使班组学会了如何总结提炼本班组的特点，而且通过经验交流达到了互学互鉴的目的。如准能选煤厂洗选一车间“六五四二”班组管理模式和煤质室“341”工作法，作为典型示范，带动整体提升。

搭建班组信息化管理平台。为进一步提升班组建设管理水平，转变管理方式，准能集团选煤厂利用一年多的时间，成功开发出班组信息化管理系统。班组信息化管理系统由三个子系统（班前会子系统、生产任务子系统和生产辅助子系统）组成，使全厂78个生产班组实现了信息化管理。其特点是“操作简单、实用方便、快捷高效、查询方便”。班组信息化管理系统成功使用，使班组建设彻底告别了传统的手工纸质管理的诸多弊病与不便，为准能集团选煤厂全力推进班组建设提供了强有力的综合管理平台。

5. 严把四道关口，强化安全风险预控

严把岗前排查关。班长在岗前点名时逐个排查员工是否存在身体不适、酒后上岗等现象。对精神状态不佳，测酒仪鉴定饮酒的员工进行询问，根据身体情况安排到打扫办公区卫生、整理内业等非生产岗位上，同时安排其他员工或由班长兼任空缺岗位，将不安全因素排除在上岗前，把好安全生产的第一道防线。

严把危险源辨识关。班前会由班长、作业负责人、员工对当天任务进行危险源辨识；到达生产现场，作业前结合班前会进行的危险源辨识和强调的安全注意事项，认真观察现场实际情况，由作业负责人组织作业人员进行现场危险源再辨识；在条件允许的情况下根据标准化作业流程手指口述，保证安全管控措施落实到位。

严把班中巡查和对岗交接关。设备点检巡视做到定时、定点、定人，巡视记录填写做到内容翔实、突出重点、确认签字；每班由班长和当班安全负责人不定时对生产现场进行全面巡查，及时排查安全隐患；对岗交接突出一个“严”字，做到一个“细”字，交者清、接者明，不留任何安全隐患。

严把班后总结关。每班结束后，班组召开班后会，总结当班任务完成情况，安全生产情况，针对当班存在的问题，分析原因，提出整改措施。

“五个四”班组管理模式取得的效果

选煤厂“五四”班组管理模式的应用，收到了比较明显的效果，达到了

“九化”，即模式管用实效化、班组建设制度化、日常工作程序化、技能提升职业化、人文关怀亲情化、团队力量协同化、先锋模范示范化、价值引领外显化、争创活动新颖化。

归纳起来主要有以下几个方面。

一是认识在提高。通过几年的努力，选煤厂各级领导职工充分认识到了班组建设工作的重要性，对班组建设的重视程度逐渐提高。

二是队伍在壮大。随着商品煤产量的逐渐提高以及生产规模的不断扩大，选煤厂班组总数已经达到了 82 个，班组长人数更是达到了 119 名。由于班组年龄结构逐渐年轻化，许多班组在青年职工中选拔学历高技术优的职工担任班长、副班长，起到了推陈出新及激发班组管理活力的作用。

三是工作在拓展。班组建设工作的内容和范围在逐渐地丰富和拓展。主要表现在过去主抓的项目比较单一，内容比较简单。现在不仅局限在班前会、预防“三违”、奖金分配等传统内容，更多的是提升班组的综合能力和人性化管理。

四是方法在探索。推出了丰富新颖的竞赛、评比等活动，多种途径探索班组建设新思路、新方法。

五是文化在外显。班组建设水平的逐年提升，有效地提高了选煤厂的综合文化水平，不仅体现在员工个人的文明程度的提高，更展现了厚重的企业文化底蕴。

六是成果在显现。通过多年的不懈努力，班组建设工作的成果逐渐显现，班前会更活泼高效了、班组内业更规范清晰了、班组管理更民主公开了、班组气氛更和谐团结了……

【旁白】创新是引领发展的第一动力。所以，“5821”班组建设体系不是僵化的，也不是固定不变的，是发展的、包容的体系。尤其是它的“1”具有非常深远而广大的意义，一直可以更新，一直可以完善，一直可以推行，一直可以复制，一直在建设，一直在发展，可以说它永远在路上。

尾 声

标准化之路任重道远

在 40 多年的发展历史中，准能集团公司对企业标准化管理的探索从未停止。公司通过一系列的实践，把标准化管理覆盖到每个大的产业板块，植入每个小的工作细节，为班组建设的标准化发展奠定了基础，再加之公司把班组建设设立为企业战略的子战略，班组建设的模式得到空前创新，“5821”班组建设体系诞生了。该体系与时俱进、多行业联动、安全为基础，追求创新的特点十分鲜明，在全准能集团公司一经运行，就有效激发了班组活力，为公司创造了巨大的经济、文化价值。

但是，标准化之路任重道远。在新时代下，准能集团公司对企业管理标准化的思考，对班组建设发展的革故鼎新永无止境。未来，准能集团公司将为班组融入信息化、智能化等科技手段。进一步提升每个班组的工作效率和每一名职工的幸福指数，以小细胞的合力，为公司创造出更多的经济利润和精神价值，为发展奠定基础。

一 “5821”班组建设体系的管理理念是什么，解决了什么问题

准能人认为，班组建设是公司战略的子战略，班组不仅是一个生产组织，更是企业管理的基础，各项工作都需要在班组落地，班组管理是企业管理的一部分。“5821”班组建设体系就是基于这样的管理理念而形成的一个顶层设计的班组管理体系。这样的体系具有一定的刚性，同时还具有一定的开放性和灵活性。例如，其中的“五型”班组，每个班组在落实“五型”的同时，结合班组工作特点和业务重点，在“五型”中选择一型，重点突破，全面提升。

“5821”班组建设体系解决了准能集团公司行业跨度大，班组管理水平不平衡的问题。引导大家用标准化思维和标准化理念来开展班组建设工作，为班组长提供了提升班组管理水平的工具和方法。为班组建设中解决抽象和具体的关系，理念和落实的关系，特殊和普遍的关系提供了准能智慧、准能方案。推广“5821”班组建设体系以来，准能集团公司各项部署和战略得到了有效实施和落地，同时激发了班组细胞，激发了全员活力，助推了班组百花齐放，百家争鸣。其中诸如准军事化班前会、“三步”工作汇报会、命令复诵法、反“三违”事故分析法等来自一线班组的各具特色的方法，无不闪烁着一线工人的智慧和主人翁精神的光芒。

二 展望未来，文化准能、智慧准能下的班组管理建设

习近平总书记在党的十九大报告中提出，“新时代中国特色社会主义思想，必须坚持以人民为中心的发展思想，使人民获得感、幸福感、安全感更加充实、更有保障、更可持续。建设知识型、技能型、创新型劳动者大军，弘扬劳模精神和工匠精神，营造劳动光荣的社会风尚和精益求精的敬业风气”。

国家能源集团党组提出员工要有四有：有岗位、有舞台、有作为、有自信。劳模精神、工匠精神是准能人续行企业标准化最重要的精神力量。未来

的班组建设，我们将通过制度管理、流程管理经验的积淀，结合时代要求和行业特点，凝练为有准能特色的班组文化，夯实文化准能企业战略的基础。

我们处于信息化社会、大数据时代，我们推行的数字准能已经初步建立，为我们实现数字班组奠定了强大的基础。未来，我们还将建立智慧准能，我们坚信涵盖了经营、安全、生产组织、党的建设等内容的大数据共享，必将为班组细胞在新时代焕发新的活力提供了强大的支撑和保障。同时也为该信息系统提供了来自基层的鲜活的大数据。

本书执笔团队的成员大多来自准能集团各板块班组管理部门、宣传部门的“80后”“90后”。在本书编写团队组建时期，他们自告奋勇，以“你能、我能、大家能，准能！”的企业文化为精神，热情饱满地参与其中。然而术业有专攻，撰书经验的匮乏给这群年轻人带来不少困惑。在撰书过程中，资料汇总、实地采访等工作得到了企业各层级、各板块领导的鼎力支持和襄助，采集资料时受到公司广大职工的帮助，特别是书籍结构的梳理受到了国内知名班组管理专家、班组类杂志主编、中国作家协会作家的倾心指导和培训，为这群年轻人的走笔行文提供了广阔的思路。

本书的编写已完成，但准能集团班组建设的标准化之路任重道远。通过此书，一方面，我们想搭建平台，让更多人了解“5821”，让这本书成为企业班组建设管理的实用性读物，希望读者在阅读后能够有所启发，为个人、集体创造更大的价值；另一方面，我们愿与全国广大的班组建设者共同携手总结和推广班组建设管理经验，持续提升全国班组建设管理的标准化水平，在党的十九大精神指引下，为祖国实现“两个一百年”奋斗目标、实现中华民族伟大复兴中国梦而奋斗！